任性出版

我的興趣靠副業實踐

不冒險收入倍增法，正職沒用到的技能、原本很花錢的興趣，都能用來賺錢。

最強副業輔導專家、「中心副業研究所」所長
下釜創◎著
林佑純◎譯

やりたいことは「副業」で実現しなさ

CONTENTS

第二章　副業、創業，該選哪一個？——049

第三章 不失敗的祕訣——085

第四章 不專精，讓我更多薪——109

第五章 有心就有力，相信自己——151

第六章

八步驟，興趣變收入

推薦序一

不只是我的興趣，還是我的副業

佐編茶水間 Zoey

我沒有裸辭的勇氣，因此任何轉職的新嘗試，我都一律以副業的形式先試水溫，直到確定興趣帶來的不只是微薄收入，而是具有高投資報酬率的潛力股時，才小心翼翼的規畫換工作。但即便如此，把熱愛的事變成事業，「Fire」老闆與朝九晚五的生活，依然很不容易，而作者提出了一個主張——也許興趣靠副業來實踐就夠了。

我在二〇一八年開始經營「佐編茶水間」Podcast時，正是從副業開始嘗試。當時，我已經有一份做了快兩年的工作，雖然薪資穩定、工時彈性，但我仍經常為未來感到苦惱：「難道我就要做這份工作一輩子嗎？我的職涯規畫還有什麼可能性？」雖然心中聽得見這些旁白，但對於直接換工作，依然存有無限焦慮。於是，我慢慢的投入興趣的懷抱，在業餘時間寫作、設計網站，以及嘗試製播Podcast。

某方面來說，副業帶給我最大的收穫是心靈慰藉，面對正職的「食之無味，棄之可惜」，「興趣」本身就是一個精神的出口。然而，當我越是投入自己的業餘嗜好，內心其實也逐漸開啟了對它的美好幻想：「**有沒有可能，這不只是我的興趣，還是我的副業？**」

當時的我先是從自己錄音、訪談朋友、撰寫網路文章開始，我給自己的唯一目標就是每週更新，而在堅持三個月後，我也發現流量、追蹤數都慢慢的提升，竟然還有陌生人閱讀與收聽我產出的內容。因此，我認真思考將熱情變成事業的可能性，做了一系列的市場調查、產品設計以及最小可行性產品的測試後，也很快就在個人品牌上看見驚人的成果。

不過，在二〇一八至二〇一九年，我還是維持著正職工作，白天上班，領取穩定薪水，將這份薪水用於房租和日常生活開銷上；晚上下班後經營Podcast，透過副業獲得的薪酬則拿來投資股票、投資自己。

在正職、副業雙管齊下的狀態一年多後，我決定離開公司，全心全意投入自己的事業，但回想起那段時光，依然會讓我嘴角上揚。的確，當時的生活非常疲累，每天工作時數加起來超過十小時，甚至連週末都得為了副業犧牲，可是，它卻帶給我心靈上的無限滋養，最重要的是滿滿的「意義感」。

我每天都覺得自己是踏實且篤定的走在人生道路上，即便當時不曉得副業有沒有成為正職的可能、也不確定熱情能燃燒多久，但是，每個睜開眼的早晨，我都是帶著迫不及待的心情想早點起床，就為了有一點空檔來從事副業，沉浸在Me Time（屬於自己的時間）的時光。對我來說，副業帶給我的不只是實質報酬，更多的是精神上的豐盛。

推薦序二

找到自己的「第二曲線」

「人資小週末」創辦人／盧世安

本書介紹了如何開始和發展副業的具體方法，包括如何找出自身的技能、聽取客觀評價、從低價開始、找親友試用、改進服務、提供多種價格，以及逐步提高價格等。這些方法是作者多年來的實踐總結，具有很強的操作性。

書中還分享多位成功經營副業者的真實案例，並涵蓋了不同的行業和領域，包括寫文案、顧問等。透過這些案例，讀者可看到不同領域的人，如何利用副業實現自我價值和增加收入。

英國當代管理思想大師查爾斯・韓第（Charles Handy）在他的著作《第二

曲線》（*The Second Curve*）中提出：職涯的發展往往遵循著一條S型曲線，包含從初始增長、快速發展到最終成熟和衰退的過程。為了避免衰退，韓第提出了「第二曲線」的概念，即在第一條曲線達到頂峰前，開啟第二條曲線，確保持續的發展和成功。從這個角度來看，副業即可視為職涯的第二曲線。

韓第強調，第二曲線應該在第一曲線達到頂峰之前就開始，而副業正是一種提前準備的策略。

當主業趨於穩定或進入瓶頸期時，透過副業可探索新的增長點，為未來的職業轉型做好準備。如此一來，即使主業進入衰退期，副業也能成為主要收入來源，確保職涯的連續性和穩定性。

現代職場的不確定性日益增加，經濟波動、行業變遷、企業裁員等風險無時不在。而副業可作為一種分散風險的手段，提供額外的收入來源，減少對單一職業的依賴，提升個人的職業安全感。

經營好副業，還能獲得以下好處：

1. 擴展技能，提高競爭力

想發展副業，通常須學習和掌握新技能，這些技能可能與主業不同，但是有助於增加自己的知識，提升綜合素質。這種跨領域的學習和實踐，不僅能夠提高個人在市場上的競爭力，還可以在主業中帶來新思維和創意，進一步發展主業。

2. 增強創造力，促進創新

副業往往涉及創新的思維和解決問題的能力。在經營副業的過程中，個人須不斷探索新機會，思考如何在市場中脫穎而出。如此鍛鍊創造力，能帶來更多的創新思維和解決方案。

3. 建立人脈網絡，拓展機會

藉由副業，接觸和主業不同領域的人，有助於擴展人脈網絡。這些新的人脈不僅可以提供副業上的合作機會，還可能為主業帶來更多的資源。

4. 提升自信心，增強工作動力

最特別的是，在副業中取得成功，能顯著提升個人的自信心，還會回饋到主業和生活等其他方面。有自信的人通常會更積極、樂觀的面對挑戰和解決困難，這對於職業發展具有重要的推動作用。

本書對於希望在保有本職工作的同時，又能探索自我興趣並獲得額外收入的人來說，具有很大的啟發性和實用性。書中提供的具體方法和實例，不僅讓讀者了解如何開啟副業，還能幫助讀者在實踐中避開常見的陷阱，最終實現財務自由，並得到心靈上的滿足。

前言
有收入又有成就感

對未來感到模糊且不安、希望增加收入、想尋找除了正職之外可以發揮的舞臺……人們對於經營副業（斜槓），可能有各式各樣的動機。現今，對此產生興趣，或實際上已經開始進行的人，有逐漸增加的趨勢。

近年來，受到新冠疫情的影響，有越來越多企業不再禁止員工兼職，這也成為許多人發展斜槓的助力。另一方面，對此深感興趣，卻不知如何開始，或急於開始，過程卻不太順利的人也與日俱增。

對有意從事副業的人，我想透過本書，傳授有關選擇、開始，以及持續經營的方法。同時，我也會在書中分享許多成功者的真實故事。

在此，我先自我介紹。我是「副業家」培訓顧問——下釜創。大學畢業之後，我在一家大型企業擔任網路廣告顧問，並處理新事業開發等工作，同時開始經營「顧問學校」（以一對多的方式提供顧問諮詢服務），僅透過每週週末兩天營運，就達成年營業額八百二十六萬日圓（按：依二〇二四年八月初匯率計算，一日圓約等於新臺幣〇・二二元）的成績。之後我獨立創業，經營「副業・創業學校」，**迄今已協助超過三千位以上的學員發展副業**。本書的內容，就是濃縮這段過程的精華。

在網路上搜尋有關副業的資訊時，常見的內容如下：

- 多層次傳銷（按：透過介紹他人參加來建立多層級組織，以推廣、銷售商品）。
- 外匯交易（Foreign Exchange，以存放的保證金為擔保，利用匯率的升貶，賺取價差利潤）或加密貨幣投資。
- 外送服務業，例如 Uber Eats。

- YouTuber。
- 聯盟行銷（Affiliate Marketing，廠商請推廣者幫忙推廣商品，當商品成交，推廣者可收到獎金）。

這些都是人們常考慮的選擇，因為它們相對容易開始。然而，**我提議的副業並不包括這些選項。因為這些選項，僅是以增加收入為主要目的，難以長期經營**。就算一開始從事副業的主因，是來自對財務的不安或不滿於現況收入，但如果只以賺取更多報酬為主要目標，便很難長久發展。

我提議的副業，**不僅能帶來金錢收入，更重要的是滿足內心的渴望，讓你在做真正想做的事的同時，也體會到成就感**。不只是表面上的感受，而是來自內心深處的滿足感。

換句話說，金錢×內心深處的成就感＝能長期持續的理想副業模式。

副業之所以成為一股新的趨勢，原因在於許多人從學校畢業後，辛辛苦苦的找到工作，卻發現本業很難達到自我實現（self–actualization，人的才能在適合的環境中得以發揮，實現個人理想和抱負的狀態）。由於在原本的職場上，找不到想做的事和體會到成就感，許多人希望藉由發展另一個職業來實現。

為了明確區分本職和副業，我以左頁圖表說明。縱軸代表自主性，橫軸代表盈利性——簡單來說，就是能否賺錢。縱軸越往上代表自主性越高，橫軸越往右代表盈利性越高。

以結論來說，下方的C（低自主性、高盈利性），與D（低自主性、低盈利性）不適合作為副業。

首先，絕對不能選的是左下方的D。D代表既不是你想做的，也不太能獲得報酬的事，這點大家應該都能理解。那麼它隔壁、右下方的C呢？

C代表雖然你不太想做，但具有高盈利性，可以用來賺錢的工作。這種工作通常被人稱為「飯碗」，也就是為了謀生而工作。

許多人可能會認為，工作是達成自我實現的一種手段。這樣的想法並沒有錯，但對本職工作懷抱這種期待，其實不太恰當（詳細的原因會在第一章說明）。**本職就只是你為了賺錢而去做的飯碗**。

用四象限圖區別本職與副業

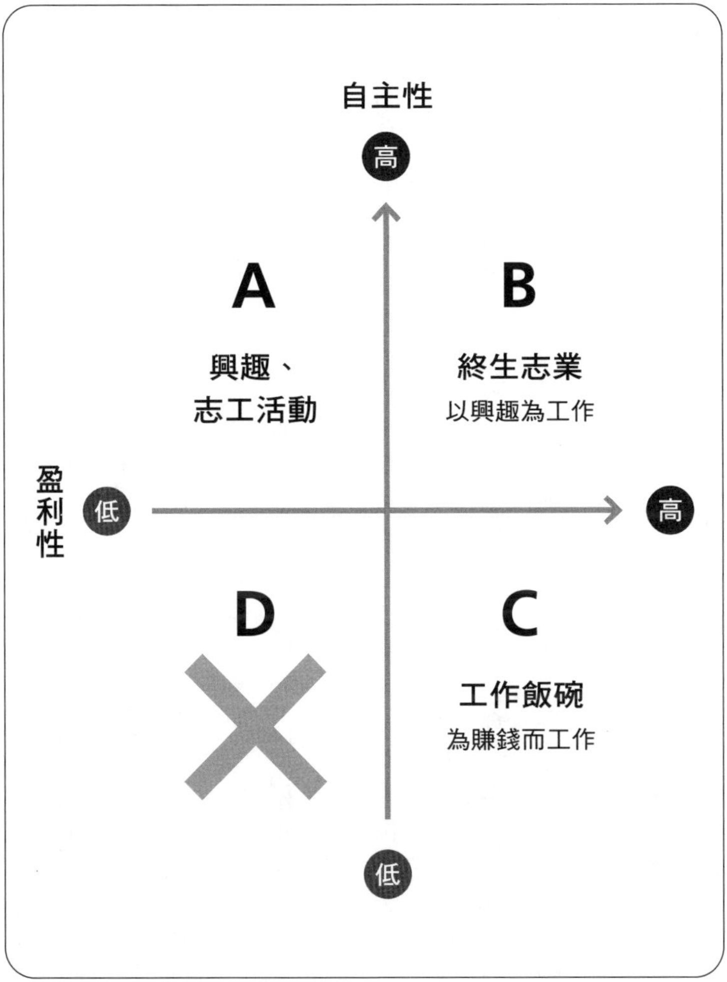

在上頁圖表中，右上角的B代表你想做的事，且有望帶來收益，正是本書最推薦的副業類型。這正是所謂的終生志業，是你會想終生從事的工作。**自我實現的目標應該要透過副業來實現，而不是在本業上尋求寄託**。

那麼，在左上方的A呢？這代表你想做的事，但盈利性並不高，無法靠此賺錢。因此，我建議將其當作單純的興趣或志工活動。

如果你現在任職的公司禁止員工兼差，那麼你想做的事只能作為A進行。但藉此累積的經驗，往往會成為未來創業的基石。

本書的內容，主要會聚焦在圖表中的B。

例如，能輕鬆駕馭工作中會用到的試算表軟體，對於不會使用的人來說，就是一種有用的能力；每天在影片分享網站上發表原創內容的愛好者，對沒有相關經驗的人來說，也擁有十分優秀的技能。這些才能，都可成為發展副業的種子。

我在書中介紹的副業還有一個特徵，就是**初期投資和固定支出的費用較低，也不需要特殊的證照**，任何人都可以零風險的嘗試。我會在書中詳細的解說具體內容。

從收入面向看來，可區分成以下五個階段：

- 從零到有（從零收入到開始獲得報酬）。
- 月收入五萬日圓（零用錢階段，約等於新臺幣一萬元）。
- 月收入十萬日圓（副業階段，約等於新臺幣兩萬元）。
- 月收入三十萬日圓（本職階段，約等於新臺幣六萬元）。
- 月收入一百萬日圓（創業階段，約等於新臺幣二十萬元）。

首先是免費提供服務的階段。這個階段能累積經驗，磨練相關技能。然後是開始收費，達到月收入五萬日圓的零用錢階段。走到這一步，生活會過得更加寬裕，且能感受到樂趣。

當達到月收入十萬日圓的階段時，人生的可能性將進一步擴大。等待在前方的是月收入三十萬日圓的本職階段，以及月收入一百萬日圓的創業階段。

接下來，我簡單統整一下本書的架構：

第一章到第三章，會解開人們經常產生的偏見及誤解，並說明只會為人生帶來正面影響、不會失敗的斜槓選擇方法。

到了第四章，會提到副業的強大之處；接下來，雖然坊間已出版許多相關書籍，但在本書的第五章，我會以獨有的觀點，詳盡的介紹面對副業時，該如何調整心態，以避免無形的阻礙。

第六章則會說明，即使是毫無相關知識和經驗的上班族，也能找到並實踐最適合副業的八個步驟。

再次強調，本書介紹的副業不須具備特別的技能、任何證照。只要改變阻礙嶄新機會的消極心態，你立刻就能開始。

希望本書能成為一個契機，讓更多人意識到自己潛藏的可能性，透過發展另一個職業來創造自我價值，讓人生變得更豐富。這是我心中最殷切的盼望。

第一章

本業是保障，
興趣靠副業實踐

1 只做有興趣的事？本業難辦到

許多上班族會將副業視為賺取額外收入的臨時性工作，但正如前言提到，**其實應該透過副業，來實踐自己想做的事與達到自我實現。為什麼？因為在本業中難以做到**。其中的原因大致上有四點：

- 求職時，沒有分析自己想做什麼，以及成就感的來源。
- 求職時，並非以成就感為主要目標。
- 企業的存在，不是為了創造員工的成就感。
- 找出自己真正想做的事，已是一項重大挑戰。

接下來，我將依序解釋這四項原因。

1. 求職時，沒有分析自己想做什麼，以及成就感的來源

許多學生在沒有多少社會經驗（甚至幾乎為零）的情況下，從眾多企業中決定了工作地點，並通過面試後順利就業。在這段過程中，**學生沒有時間透過自我分析，了解到工作會帶來什麼樣的成就感**。相較於自我分析，他們將更多的時間用於分析自己想進入的企業。

我在大學時期，就加入協助學生求職的團體，參與相關的研討會與培訓等活動。因此，我敢自信的說，我在找工作時，有認真考慮過畢業後想做什麼，以及自身的成就感來源。

但當我近距離協助其他學生準備面試時，強烈感覺到像我這樣的人很少。在研討會上，我曾和一位在跨產業發展的大型企業裡，工作了兩年的學長進行訪談，那段經歷令我印象深刻。

在求職面試時，面試官通常會問應徵動機、對未來幾年的規畫等問題。因

此，我問這位當了第二年上班族的學長，在面試時如何回答這類問題。他歪著頭想了一會兒，然後有些不好意思的笑著告訴我：「當時我回答什麼？我忘了！」聽到他的回答時，我心想：「才不過兩年前的事，就已經忘光了，這代表他當時根本沒有認真思考過，也沒有認真回答。」

但，我覺得這不單只是這位學長面臨的狀況。畢竟面試的其中一個技巧是，不必在意自己的真實想法，而是要說出感覺面試官會喜歡的答案。這可能是多數人會選擇的做法。

2. 求職時，並非以成就感為主要目標

本業難以實踐想做的事的第二項原因在於，學生並未將成就感視為求職的目標。

在此分享有趣的調查：日本內閣府調查了一萬名十六歲至二十九歲的民眾，詢問他們的工作目標（至多回答兩項）。結果，排名第一的是「為了賺取收入」，占八四．六％；緊隨其後的第二名是「透過工作獲得成就感及生活意

義」，占一五．八％；第三名是「發揮自己的能力」，占一五．七％（資料來源：二〇一七年度「兒童、青年意識調查」）。

此外，這項調查也詢問在選擇工作時最重視的價值。結果顯示，有五〇％的人回答「穩定且可長期持續」、四六％的人回答「收入多」，而回答「能做自己想做的事」的人占四二．三％。

本業代表為了生活所需的主要收入來源。從調查結果看來，不少年輕人理解**本業＝賺取收入**的觀念。我認為這種現實主義的觀點並沒有錯，這也與接下來要談的內容息息相關。

3. 企業的存在，不是為了創造員工的成就感

大多數人不會積極的在工作上尋求成就感，而企業維持營運，也不是為了實現員工的成就感。

企業要持續存活，最重要的是提升收益。即使「利益優先主義」並不受吹捧，但如果企業無法獲利且持續虧損，就只有倒閉一途。而且，幫助員工創造

成就感，不一定能讓企業獲利。

如今，社會和投資人對於短視近利的「利益優先主義」的態度，比以前更嚴厲，凸顯出重視環境保護、社會責任和公司治理（企業本身的健全管理制度），即「ESG（Environmental, Social, and Governance）經營方式」的重要性。ESG經營方式強調，必須正視每位員工的成就感。我在大學畢業後進入的「LIFULL股份有限公司」，就存在重視員工成就感的願景和企業文化。但是，這樣的企業仍屬於少數，許多企業即使聲稱實施這種經營方式，卻未必徹底落實。

因此，如果追求成就感、懷抱著理想去求職，之後可能會遭遇意想不到的矛盾。關於這點，將在後面的章節進一步說明。

4. 找出自己真正想做的事，已是一項重大挑戰

在第一點有提到，學生在找工作時，鮮少有機會分析並找到自己想做的事，但即使嘗試進行自我分析，要發掘自己真正想做的事本身，就是一個不小

的挑戰。

過去，從所謂的好大學畢業後進入大型上市公司，期間完全不考慮轉職，在同一家公司心無旁騖的守好自己的本分，工作到退休，這樣的人被視為人生勝利組。

因此，在重視合群、同儕壓力大的社會中，想挑戰這種價值觀絕非易事。在那個年代，或許不須特別追求成就感，只要努力成為人生勝利組的一員，沿著從好大學前往大企業的隱形鐵軌默默前行，就能獲得幸福感。

然而，現今隨著價值觀變得更多元，工作方式變得更自由，人們不必屈服於同儕間的壓力，選擇與他人相同的工作模式。

但如果被告知「做什麼都可以」，人們往往會突然不知道該怎麼做。因此，在本業中找到自己真正想做的事，可能比想像中更困難。

2 「成就感剝削」的陷阱

在前一節，可看到在本職中難以獲得成就感的原因。若是強行在本職中尋找，會伴隨不少風險。

如同前述原因的第三點，企業營運的主要目的是追求利潤，而不是為了創造員工的成就感。假使職員要反抗這樣的目的，恐怕也不容易做到。

其實，在追求利潤的組織中尋求成就感，未免有些不合理。倘若想貫徹這個做法，內心也多少會產生壓力或不滿。

如果反覆發生這樣的狀況，在壓力的日積月累下，容易開口抱怨公司和主管，或導致工作動力降低。而常對組織心懷不滿的員工，對主管及同事來說，是個難以處理的麻煩人物。

假如在組織中遭受孤立，與周遭的人欠缺溝通，就連處理日常業務也容易產生問題。在多重壓力的累積下，將陷入惡性循環，最終甚至可能被迫做出離職這個艱困的選擇。

根據日本厚生勞動省提供的資料顯示，在畢業即就業的日本新鮮人當中，有三二．八％，即三分之一的人是在入職的三年內離職（資料來源：厚生勞動省「社會新鮮人離職狀況」，平成二十九年〔二〇一七年〕三月畢業生）。

雖然在本職追求成就感的年輕人比例並不高，但在三年內離職的案例中，多少有過度追求成就感，最終與以追求利潤為目標的組織產生矛盾、摩擦，導致離職的情況。

這對於投入大量招聘成本的企業與充滿幹勁的員工來說，都是不幸的結局。企業在人手短缺的情況下，須迫切招募新人才，而員工若是不找到下一份工作，生活很快就會陷入困境。

另一方面，如果**過度在本職中尋求成就感，還有可能陷入「成就感剝削」**

的可怕陷阱中，這點也須特別留意。

「成就感剝削」是由東京大學研究所教授，同時也是教育社會學家的本田由紀命名。指的是經營者或企業利用強調員工的成就感，代替應支付的正當報酬（工資、加班費等），**透過「這份工作的價值不在於報酬的多寡，而是在其帶來的成就感」等說詞洗腦員工，強迫他們執行不合理的長時間勞動**。

「成就感剝削」是在黑心企業盛行的惡習，自二〇〇〇年代以來已成為社會問題之一。在職場地位較低的約聘員工占多數的業界，「成就感剝削」的狀況更是屢見不鮮。

3 人生第三個棲身之所

在此，我用圓圈來比喻人生（見左頁圖表）：圓的大小代表一個人的幸福程度。跟小圓比起來，大圓的幸福感更高。圓圈主要可分成工作（本職）與私生活。對於人生來說，工作與私生活都很重要。

假如本職工作能帶來穩定的收入，有助於讓私生活更加充實。同時，工作上的成就感，也為私生活帶來滿足感——當私生活足夠充實，壓力就會減少，精神得以放鬆，面對工作的動力也能進一步提升。如此一來，工作與私生活會形成一個良性循環，人生圓圈將不斷變大，感受到幸福的程度也會跟著增加。

而在無法兼顧工作和私生活的情況下，人生圓圈就不會變大。如果在工作

當人生圓圈分成工作和私生活

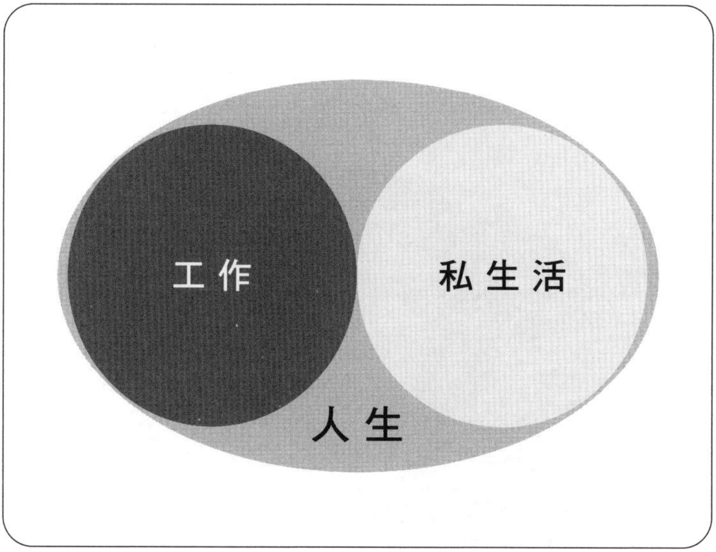

中無法獲得成就感，就難以滿足私生活；當私生活無法滿足，人對工作的投入程度就會減少。

無論是哪種情況，人生圓圈都會逐漸縮小，無法順利運轉。

到目前為止，我提到的都是本職工作。假設這時候將副業加入圓圈中（見下頁圖表），情況會有什麼改變？**加入後能拓展人生的容量，甚至進一步擴大人生圓圈。**

在人生圓圈中加入副業

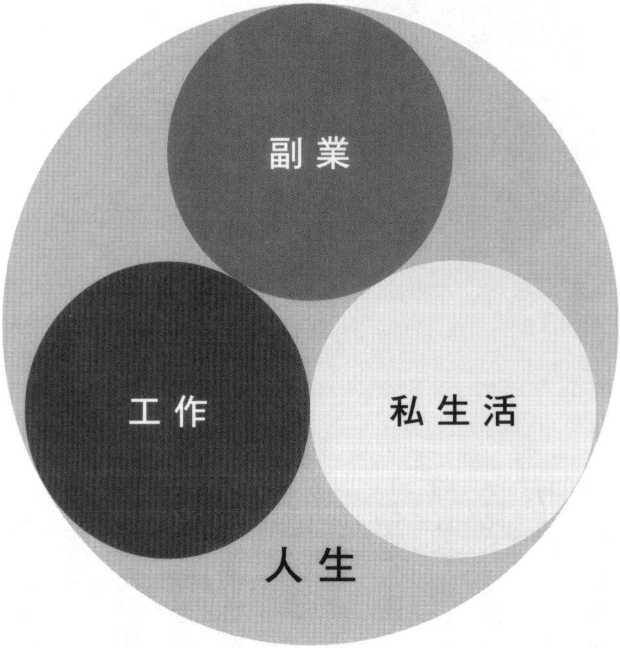

後面也會提到，透過副業，**也有可能為本業帶來加分的效果**。當你在斜槓中做自己想做的事，就能減輕不少壓力，心靈上會感到滿足。這種滿足感也會為你的私生活帶來正面的影響。

一旦漸上軌道，從「零用錢階段」（月收入五萬日圓）進展到月收入十萬日圓的階段，也將進一步提升私生活帶來的滿足感。舉例來說，使用在興趣上的資金、跟家人外出用餐或旅行的機會、能投資在孩子身上的教育資源，都會跟著增加。

如果持續經營副業，**還能加入本職工作和私生活都沒有機會接觸到的新社群**。這是一種與公司及私生活截然不同的人際網絡。

若人們長期被限制在狹窄、固定的社群中，容易感到窒息，要適時釋放壓力也不是件容易的事。

當你能拓展社群時，不僅會發現自身嶄新的價值，**也為你提供除了職場和家庭之外，第三個舒適的棲身之所**，並發揮一定程度的減輕壓力效果。

當工作（主要收入來源的本職）、私生活、副業這三項要素緊密結合，跟圓圈中只有工作、私生活的時候相較起來，人生會運轉得更加流暢。以最終結果來說，會提升你的幸福程度。

4 副業優先，本業為輔

如果用上一節提到的圓圈來思考人生，本職、私生活和副業應處於平等立場。若長年將本業工作放在人生的正中心，思考模式很容易以此為第一優先。這點很值得深思。

俯瞰整個人生，本職只會是當中的一塊拼圖。享受興趣的時間、與朋友或家人共度的時間、做家務或育兒等私生活，也都是不同形狀的拼圖，重要程度都相同。當本職過於忙碌，就容易遺忘這個理所當然的事實。

即使在本職取得成果並順利升遷，如果沒有時間投入自己喜歡的興趣，或與家人共度的時間明顯減少，那麼也很難稱得上是一種幸福。

倘若完全忽略家庭，最終配偶提出離婚，人生的幸福度也會急遽下降。更糟糕的狀況是，在工作上拚命努力，卻因為精神緊繃、缺乏休息的時間和空間，導致心理狀態嚴重受到影響，產生憂鬱傾向，甚至是過勞死。

在事態演變到這個地步之前，應停下腳步，重新思考本職與私生活的比例，也就是「在工作與生活中取得平衡」。

日本在高度經濟成長期（按：大約在一九五五至一九七三年），出現「企業戰士」、「公司人」這類用詞，當時有不少人將工作視作人生的重要價值，甚至還有部分企業公開讚揚這樣的生活方式。

但如今隨著時代的變遷，至少在年輕世代中，重視私生活勝過本職的人有越來越多的趨勢。

在前面也曾提到，內閣府針對一萬人進行調查，其中回答「以工作為中心，所以與家庭相比，會優先考慮工作」的比例，在二〇一一年（當時的調查對象是三千人）是一七．一%；到了二〇一七年，回答「會優先考慮工作」的比例是一二．七%，下降四個百分點以上（調查中的工作指的是本業）。

相反的，回答「以生活為中心，所以跟工作相比，以家庭為優先」的比例，在二〇一一年為五二．九％；到了二〇一七年，回答「優先考慮家庭、私生活」的比例為六三．七％，上升了十個百分點以上。

依調查結果看來，可以發現人們面對工作的態度正逐漸改變，工作與生活的平衡確實發生了變化。即便如此，每八位年輕人中大概仍有一個人，會回答以本職而非家庭為優先。

人們會以本業為優先的原因，主要有以下三點。

第一個原因是，平時在公司工作的時間遠遠超過做其他事。即使在新冠疫情期間，上班族的出勤時間普遍減少，但加上遠距工作的時間，工作的時間長度幾乎沒有太大的變化。

第二個原因是責任感太過強烈。有許多人因個性認真負責，對於分配給自己的工作，會有一種希望完美達成的責任感，也常因此犧牲了私生活。

第三個原因是高度的歸屬意識。日本在傳統上重視集團和組織勝過個人，容易對名為「公司」的組織產生強烈的歸屬感。

對企業來說，當員工以本職為優先，自然十分符合企業的期望。因此，有不少黑心企業強迫員工無償加班、剝削員工的成就感。

再次強調，每個人在人生當中最重要的主角，非自己莫屬。應該要以自己為第一優先，而不是以主業為優先。當思維產生這樣的轉變，就不會只依賴本職，能進一步認真考慮從事能滿足自己的成就感、達成自我實現的職業。

假如副業能實現你真正想做的事，那麼也不難想像**「以自我為優先＝以副業為優先」**的情況。或許，將本職為主、副業為客的關係顛倒過來，才會是最合適的狀態。

成功案例

系統工程師斜槓攝影師

- 姓名：寺川先生（三十六歲，男性）。
- 本職：系統工程師；副業：影片拍攝與剪輯。
- 副業月收入：平均四萬至五萬日圓，最高十七萬五千日圓。

寺川先生從小就喜歡拿著相機或攝影機到處拍照、錄影，以及將錄下的電視節目剪去廣告、重新編輯。某天，他產生了希望能將這些從興趣磨練出的技能，應用於副業上的想法。於是，他開始積極的向在工作與私生活中，會遇到的同事和朋友自我宣傳：「我很擅長拍攝和剪輯影片！」

寺川先生的技能，主要為拍攝活動、研討會、交流會等場合的影片，並在後續刪除不需要的部分，再加入音效和字幕來完成作品。但他認為，收費之前須累積足夠的經驗，因此，在心中決定「先免費完成五十件工作後，再開始收費」（設定具體目標不是件壞事，但將門檻設在「五十件」，有些過於謹慎。**如果覺得已能吸引客戶上門，不妨在完成第五件或第十件後就開始收費**）。

依照原定目標，寺川先生在完成五十件工作後，以略低於市場價格的每件案子三千日圓為定價，開始進行收費服務。

「除了本職的工資之外，還能透過斜槓賺取額外收入，使我不僅在經濟上更加寬裕，還能達到放鬆心情的效果。」寺川先生如此回顧。

他也曾有過掙扎。在開始斜槓前，不免擔心：「**這樣的興趣只不過比別人稍微專業一點，真的可以當作副業嗎？**」在開始收費後，他也顧慮：「我提供的服務，真的對得起這個價格嗎？」但技能若可與他人拉開差距，就具備價值，所以不須為這些擔憂和不安陷入情緒的泥淖。寺川先生後來之所以能走出這片泥淖，據說其實是來自客戶對他的感謝。

在本職的工作當中，他從未能直接聽到顧客傳達謝意；但經營副業時，當面聽到客戶說：「成品太完美了，找阿寺幫忙真是個正確的選擇，謝謝你！」他打從心底感到喜悅，並同時獲得了相當大的成就感。

特別是在開始收費後，他更是格外開心，心想：「能收取報酬，還能直接聽到這麼多感謝的話語，副業真是太棒了！」

之後，他更認真的面對副業，希望讓客戶更加滿意，技能也因此迅速提升，形成了良性循環。後來，他逐漸開拓了客群，服務的單價也慢慢提高。

寺川先生親身體會到，自己確實能提供給客戶許多協助，這讓他獲得「原來只要願意，自己也可以做到」的自我肯定感。據他表示：「本來應該是額外花時間處理的斜槓工作，卻在過程中感覺到能量湧現，**讓身心都更有精神，同時享受到副業和本職的樂趣**。」

之後，寺川先生不斷拓展人脈，接案領域擴大到任務管理顧問、校園業務支援等，目前已成功創業。

第二章

副業、創業，該選哪一個？

1 斜槓的好處超乎你的想像

從未嘗試過斜槓的人，可能會擔心同時做兩份工作，會為身心帶來負擔，導致本職的表現下降。但事實上，許多上班族實際開始經營副業後，本職的工作反而變得更順利。**對於在本職中遭遇瓶頸的人來說，斜槓甚至可能成為突破撞牆期的重要關鍵**。副業能為本業帶來的好處，主要為以下三個方面：

- 心理層面的好處。
- 時間管理層面的好處。
- 人脈層面的好處。

1. 心理層面的好處

在景氣不佳的大環境下，人們難免感到壓力大或不安，使人心不在焉，無法專心投入本職工作，導致頻頻出包，工作動力也跟著下降。

這種時候，如果內心從容不迫，覺得「反正除了本職之外，我還有其他的工作」，便較能抵抗各種壓力，得以更專心的處理本職工作，並減少因為粗心造成的失誤。

身為一家企業的員工，當表現明顯有進步，在組織中的評價也會提升，即使企業的整體業績低落，也不容易被裁員，甚至有可能成為支撐組織、在未來帶領企業成長的核心人才，進而確保在組織中的地位。

這正是副業幫助本職的絕佳範例。

2. 時間管理層面的好處

從未嘗試過副業的人，多半會覺得：「光是本職就已經忙得不可開交，哪有時間發展另一個職業？」但實際上，一旦真正開始經營，許多人就會發現，即使同時兼顧，也感到游刃有餘。

主要原因在於，你會更擅長時間管理。

許多上班族已經習慣拖泥帶水的工作方式。但是，當人生圓圈中增加了副業這一項要素，在沒有必要的情況下逗留在辦公室，就會顯得格外浪費時間。你會想妥善運用每天有限的二十四小時，盡量挪出時間來經營斜槓。在這段過程中，就會逐漸提升時間管理能力。

精通時間管理，你就能以更高的效率完成本職的工作，進而贏得主管及組織的高度評價。

3. 人脈方面的好處

開始經營副業後，你有更多機會認識與本職不同領域的人們，迅速拓展人際關係。

透過與新的人際網絡互動而獲得見解，將直接回饋在本職上，藉此培養出的溝通能力和各方面的影響力，也對本業工作大有幫助。

2 什麼工作容易被AI取代？

近年，能自動生成文本和圖像的生成式AI（人工智慧）「ChatGPT」，已引發全球AI浪潮。目前已有將其應用在科學論文中的實例，而日本的文部科學省也開始討論，在教育第一線應如何面對ChatGPT。

隨著ChatGPT的出現，各國也更積極的研究對於生成式AI的相關規範。在二〇二三年五月的G7廣島峰會（第四十九屆七大工業國組織會議）上，如何制定與生成式AI相關的國際規則，也成為重要的討論議題之一。

儘管如此，AI進化的趨勢似乎未見停止的跡象。

過去曾有科學預測指出，AI超越人類智能的轉折點，同時也是人們生活將產生巨變的「奇異點」（科技奇點），大約將發生在二〇四五年。然而，近年可觀測到，ＡＩ發展以驚人的速度呈現指數型成長，使得奇異點可能提前至二〇二九年左右到來。

雖然我們無法確定奇異點何時到來，但過去由人類負責的部分工作，肯定會逐漸被進化的ＡＩ與自動化機器人取代。

日本野村綜合研究所與英國牛津大學的共同研究團隊，曾於二〇一五年發表一則令人震撼的預測：「在二〇二五至二〇三五年左右，全日本勞動人口的四九％工作，從技術面來說，都能被ＡＩ或機器人等人工智慧科技取代。」就現狀看來，這則預測或許意外準確。

而隨著全面ＡＩ時代的到來，我認為副業的重要性也將進一步提升。

什麼樣的工作容易被ＡＩ與機器人取代？簡單來說，就是任何人都能做的工作。如果你的本職屬於這類工作，未來就有可能出現這樣的危機。**若只依靠本職作為單一收入來源，將來可能面臨被ＡＩ或機器人搶走工作，甚至是失業的風險。**

然而，副業不僅是對抗這類意外的保險，更重要的意義在於，讓你多了一個磨練自我優勢的機會，發掘並提升只有你能提供的獨特價值與技能經驗。

前面一再提到，想透過本職達到自我實現是一條艱難的道路。而在經營副業的過程中，能找出無法被他人取代、唯一屬於你的專長。如果可與本職並行發展，提升自己的特色與價值，那麼這些特質也會成為無法被ＡＩ與機器人取代的優勢。

真正讓自我發光發熱的副業，無論是在未來轉為本職，或走向創業的夢想，都將使你具備在ＡＩ時代下，堅強生存下去的動力。

3 直接轉職還是挑戰兼職？

在過去，許多人對於「換工作」會產生負面的印象；如今，時代已經不同，年輕一代中，以否定眼光看待轉職這件事的人，反倒成了少數。

第一章提及內閣府針對一萬人進行調查，該調查顯示，對轉職抱持負面看法的人，僅占整體的一七．三％。相對的，如果工作場所不符合自己的能力或個性，認為「就算轉職也是無可奈何」或「還是轉職比較好」的人，總計達到六二．一％，也就是約三個人當中，就會有兩個人這麼想。更進一步來說，認為工作場所不符合自己的能力或個性，就該考慮換工作的「積極轉職派」高達一〇以上％。

換句話說，在年輕一代，超過七〇%的人對轉職都抱持開放的態度。

在美國，員工一生平均會換工作十次，每家公司的平均任職年資大約是四年。雖然日本目前的平均任職年資大約是十二年，未來仍有可能逐漸接近美國的標準。

那麼，**如果對目前的職場感到不滿或壓力太大，應該選擇轉職還是斜槓？**

正如第一章所述，要在本職實現自己想做的事，本來就沒那麼容易。假如轉職的理由是「在這家公司沒辦法做我想做的事」，**那在考慮轉職前不妨先思考，如何透過副業實現自己的夢想。因為即使換了工作，也不一定能堅持做自己想做的事**。

而且，轉職也伴隨著一定的風險。例如年收入可能不如預期，或無法適應新的工作環境或人際關係。

如果你正在考慮是否要轉職，表示你可能正對目前的工作感到懷疑。勇敢選擇轉職固然不是壞事，但在那之前，何不先嘗試副業？與轉職相較之下，副業不但風險較低，對你本職的工作以及現在的生活幾乎不會有負面的影響。

假如你正考慮註冊轉職網站的帳號或尋找轉職仲介，那麼也請同時認真考慮一下斜槓的可能性。

4 創業需要資金，風險太高

假設在現職或轉職後的公司都無法實現想做的事，你可能會出現「既然這麼難達成自我實現的目標，不如就創業」的想法。

人們對於創業的興趣似乎也正逐漸增加。在日本政策金融公庫綜合研究所定期進行的問卷調查中，向約六萬名十八至六十九歲的民眾提出「是否對創業有興趣」這個問題，結果顯示，有一四．九%的人表示對創業感興趣（資料來源：「二〇二一年創業與創業意識調查」），相當於每七人之中就有一個人有興趣，且政府也推出了支持創業的政策。但對於普通上班族來說，突然創業並不是件那麼容易的事。

首先，就是資金問題。創業畢竟需要一筆不小的金額。

即使解決了資金問題，以同樣的工作內容來說，身為公司職員與創業者，在執行上也會出現很大的差異，需要的技能和能力可說是截然不同。此外，上班族與創業之間，還存在許多其他的差異：

- 嘗試過後才發現，執行起來跟想像中完全不一樣。
- 嘗試過後才發現，進展得並不順利。
- 嘗試過後才發現，相較於創業，自己更適合當上班族。
- 嘗試過後才發現，好像跟自己真正想做的事不太一樣。

麻煩的是，許多事在嘗試之前誰也不會知道。

另外，雖然確實有自己想做的事，但因為創業的門檻太高而放棄，從長遠的眼光來看，顯然會產生負面影響。但從另一方面來看，**毅然決然的辭去上班族的工作，採取背水一戰的態度挑戰創業，也可能面臨較大的風險。**

從辭職那刻開始，會失去穩定的收入來源，一旦創業失敗，還可能背上債務……對許多人來說，這些都是他們想極力避免的狀況。

當上班族，眼前似乎有一堵看不見的牆，但要為想做的事走上創業這條路，風險又太高……其實，這種進退兩難的局面，不須在本職上尋求解方，可以透過副業來實現。

如果想避免理想跟現實有太大的落差，並順利走上創業這條路，那就更應該積極經營副業。我認為，真正考慮創業的人，即使從不收費的興趣或志工活動開始，也都應該以嘗試斜槓來當作起點。

如果你在過程中發現「跟想像的不一樣」、「不太順利」、「自己更適合當上班族」、「好像不是自己要的」……等感受，就可轉而嘗試其他副業。

畢竟這跟創業不同，你還沒辭掉原本的工作，每個月都會有穩定的收入進帳。副業不需要大量資金或成本，所以即使一時未見成效，你的生活也不至於馬上捉襟見肘。

如果副業不幸失敗了，那就趕快停下腳步，轉而嘗試另一項。你甚至不必擔心赤字虧損、債務累積等相關問題。**不須擔憂資金的問題，是以斜槓當作起點的一大優勢。**

即使能在創業後實現你想做的事，假如在收入方面不是那麼理想，難免令人感到坐立不安。在壓力與不安逐漸累積下，可能會轉變為「必須盡快轉虧為盈」的焦慮感，導致你訂下不切實際的商業計畫，或採取過度強硬的銷售手段，使剛起步的業務陷入困境。

在反覆試錯的過程中，你會釐清自己真正想做的事。到了這個階段，可以在保持上班族身分的同時，考慮持續經營副業，或轉而規畫創業的道路。

與直接辭去工作、挑戰創業夢相比，留住本職這項保障，在沒有金錢的壓力下努力經營副業，再考慮進一步創業，成功機率明顯會高出許多。因為經營斜槓會成為你評估想做的事的準備期，在這段時間內，經驗值不但會逐漸增加，各項所需技能也會跟著提升。

我也是採取這樣的模式。起初以上班族身分開始慢慢經營的副業，最終成了我實現創業的起點。

5 低風險，也能創造高報酬

和其他已開發國家相比，日本人對投資的態度較消極。日本家庭的金融資產約有兩千兆日圓，其中一半是現金與存款。股票和基金的比例約占一九％，與美國約五五％相比，大約只達三分之一的水準。

為因應通貨膨脹，先進國家的基準利率普遍調升，但日本仍在實行量化寬鬆政策，使利率維持低水平。各大銀行的定期存款利率僅有〇．〇〇二％，也就是將一百萬日圓存入銀行一年，可獲得的利息只有二十日圓，而且還要額外扣除稅金。

就當前的日本社會來看，單憑儲蓄無法增加個人資產。政府也為了振興經濟，高喊「從儲蓄轉向投資」的口號，並將整備投資環境作為國家主要策略之一。為了從稅制方面鼓勵個人從事投資行為，還計畫加強推廣「ＮＩＳＡ」（Nippon Individual Saving Account，日本政府為了鼓勵投資代替儲蓄，推出的少額投資非課稅制度）。透過ＮＩＳＡ開立證券戶，在一定額度內投資不會被課稅。

我認為這種「從儲蓄轉向投資」的政策十分正確，但在這個基礎上，若再加上副業會更加理想。

在投資方面，平衡風險與報酬雖然十分重要。然而，如果想爭取高報酬，就無可避免的要承擔較大的風險。例如，外匯交易、比特幣等加密資產（虛擬貨幣）投資、股票的信用交易（按：向券商借錢〔融資〕或借股票〔融券〕來買股票）等，都是高風險高報酬的實例。如果獲利，可獲得更高的報酬，但一旦出現虧損，不僅可能損失所有的投資金額，更可能因此背上債務。這已經不是投資，而是種投機（賭博）了。

另一方面，若無法承擔風險，想盡量將風險控制在最低限度，獲得的回報相對也會減少。這對於希望獲得第二收入來源，以彌補薪資不再上漲的年輕一代，以及希望為養老累積資產的世代來說，都很難說是令人滿意的投資。

在這種時候，值得關注的就是副業這個選項。正如前面曾提到過，本書介紹的副業不須準備大量的資金。即使失敗，也不會有金錢上的損失。既然沒有什麼可損失，你只須重新開始另一個副業，直到成功為止。

雖然你無法確實預測能獲得多少回報，但也可能因為其中的某些嘗試突然大受歡迎，從月收入三十萬日圓的本職階段，迅速升級成月收入一百萬日圓的創業階段。

低風險的副業，根據不同做法，也有獲得高報酬的機會，這可視為一種自我投資。

6 一有想法就立刻行動

現今，在年輕世代當中，似乎越來越多人對於「FIRE」感到憧憬。「FIRE」是「Financial Independence, Retire Early」的縮寫，意思是「實現財富自由、提早退休」。

追本溯源，「FIRE」是美國極受關注的一種生活方式。其基本概念是在年輕時認真工作，以所得的收入投資股票等，累積一定資產，尋求適當的時機提早退休。之後透過穩健的資產管理來確保生計，是一種不受公司束縛的生活方式。

最常見的做法便是累積年支出二十五倍左右的資產，然後以年利率四%的獲利過生活。在美國，相當於日本的日經平均指數（按：日本經濟新聞社推出的日股指數，成分股包括股價加權最大的兩百二十五家企業）的標準普爾五百指數（Standard & Poor's 500），其年平均報酬率約為七％。從中扣除年平均通貨膨脹率三％，就得到四％的獲利（由於目前通貨膨脹率仍上漲，這個計算方式不一定成立，但詳盡分析超越本書討論的範疇，因此不再深入探討。有興趣的讀者可自行研究相關書籍）。

假設累積到六千萬日圓的資產後用來投資，以年利率四％來計算，每年就可以獲得兩百四十萬日圓的被動收入（不考慮稅金等額外支出）。此外，如果還能利用零碎時間，透過兼職等方式增加收入，那麼只要不是生活在都會區、不過度揮霍，最基本的生活費應該不成問題。

人們對財富自由心生嚮往，各有各的原因。但其中一個主要因素，無疑是對以公司、本職優先的自己和社會結構感到厭倦，希望能把時間用於自己真正想做的事上，過上自己想要的生活。

但如果選擇以本職維持生活開銷，透過斜槓來實現自己想做的事，**就算沒**

有達成財富自由的資產，也可以充分享受人生的樂趣。畢竟累積六千萬日圓的資產需要相當長的時間，但副業只要一有想法，就能立刻開始準備，甚至今天就可以開始。

對於每天都在重複日常工作，嚮往財富自由的人來說，嘗試投資股票前，不妨深入考慮一下發展副業。

7 加快財富自由的速度

本書讀者當中，有些人可能已經邁向五十歲這個年齡，並開始思考退休的相關規畫。對這些人來說，副業具有另一項特別的意義——它可以成為應對退休後「長壽風險」的一項輔助計畫。

日本是世界知名的長壽國家，全國有超過九萬名百歲以上的高齡人口（按：根據衛福部社家署的統計，臺灣二〇二三年的百歲人數為五千零一十一人）。就現狀看來，人生百年時代似乎已逐漸成為現實。然而，長壽並非完全是值得慶賀的一件事，因為還存在著所謂的「長壽風險」。

這種風險背後的問題，在於平均壽命（Life expectancy at birth）和健康壽命（Health expectancy）之間存在一定的差距。平均壽命是指新生兒平均預期壽命，而健康壽命則是指不需要照護就能自立生活的期間。關於兩者的差距，男性約為八年、女性約為十二年。在這段期間（不健康的生存年數），人們不僅會面臨身體及心理上的不安，還必須承擔照護等經濟上的成本。

此外，即使身體健康且能自立生活，長壽風險依然存在。雖然，退休後使用的資金取決於個人狀況，但日本在二〇一九年，有關退休後二十至三十年間欠缺兩千萬日圓資金（以維持生活）的「老後兩千萬問題」，就引起了廣泛的討論，這凸顯了「資產壽命」可能比實際壽命更短的風險。

只要人活著，就須支付衣食住等生活費用，且除了最低限度的生活費之外，還包括用於旅遊、興趣和娛樂上的開銷。活得越長壽，這些開銷的總額就越大。

為了應對這樣的長壽風險，選擇退休後繼續工作的人有越來越多的趨勢。根據日本總務省統計，在二〇二一年，六十五歲以上的就業人口已達到九百零九萬人，其中六十五至六十九歲的就業率為五〇・三％，這意味著每兩個人當中，就有一個人在六十五歲後仍繼續工作。此外，日本政府也積極推動少子高齡化的因應政策，致力打造讓高齡者也能活躍於職場的機會，建立適合工作到七十歲的社會體制。

（按：根據統計，臺灣二〇二二年的六十五歲以上勞參率為九．六％。為了提升中高齡者勞動參與率，勞動部於二〇二三年訂定「中高齡者及高齡者就業促進計畫」。）

確實，假如身體狀況良好，即使到了高齡也還能繼續工作，問題在於該如何找到相關的工作機會。有些人可能會選擇在退休前的公司繼續任職，但有的人須尋找新的工作機會。如果沒有做好任何準備，到將近退休時才煩惱，或許會在中高齡就業方面遭遇不少困難。

若**在就業的黃金時期開始經營副業，不僅能增加存款**，還有充足的時間提升相關的經驗與技能，並**在退休後的職場發揮作用**。我深信，它將成為充分享受人生百年時代的可靠武器。

8 「其實現在的公司也沒那麼糟」

當你開始經營副業，逐步實現自己想做的事後，你很可能會在心中產生一種寬裕感，覺得「其實公司也沒那麼糟糕」。

我在當上班族時，也獲得了許多學習的機會——在自己感興趣的經營企劃與行銷領域，能在工作中深入學習並實踐所學。也因為任職的是一家充滿創業精神的新創公司，我在其中充分體驗到開創型的工作方式。假如一開始就以自由工作者的身分工作，可能難以獲得這樣機會，對此我十分感激。

身為公司員工，自然須產出符合薪資的成果，但能在領薪水的同時提升資歷，也是選擇當上班族的一大優勢。除此之外，像是企業年金險、就業保險、住宅補助、員工餐廳等福利，也是上班族才能享受到的特權。

此外，辦公室通常被打造成適合工作的環境，包含網路、空調、照明等設備。在新冠疫情下，遠距辦公成為新的工作常態，許多上班族的工作場所變得更加多元，像是家裡或咖啡廳等。在這種情況下，常聽到的其中一個感想，就是「在辦公室的工作效率好多了」。這是因為辦公室的工作環境，比自家或咖啡廳的設備更加完善。即使只是張椅子，辦公室的椅子也比家裡或咖啡廳的椅子舒適，有助於提高工作效率。

我在當上班族時，已充分意識到在公司上班的優勢，在創業後，仍對這些資源加倍感恩。

在本職工作中，充分運用公司的福利，而想做的事則在副業中實踐，這可能是一種懂得專挑好處的聰明做法。

但反過來說，從副業中獲得的知識與技能，也能回饋到本職工作上。如果因此提升本職的表現，那也對職涯發展有幫助，或利於增加薪資收入。只要公司能受益，將藉此建立雙贏的合作關係。

9 不踏出第一步，永遠沒機會

當我訪問在我的協助下，開始經營副業的上班族時，常聽到他們分享這類感想：

- 在另一個世界拓展了不同的知識與人脈。
- 意識到自己以往生活的世界有多麼狹小。

從這些感想當中能看出，副業開啟了一扇通往新世界的大門。這也會成為豐富你人生的一個契機。

請回想一下你的學生時代。

假如你從小就讀的一直是男校或女校，那麼男女合校的學校生活，對你而言肯定是另一種全新體驗。也常聽說來自男校或女校的學生，在就讀大學後，首次接觸到男女合校的校園生活時，會感受到強烈的衝擊。

即使你之前就讀男女合校的學校，對許多高中生來說，大學生活也是超乎想像的。同樣的，對許多大學生而言，成為社會人士並開始在職場工作，也同樣難以想像。

諸如此類，想像一個和過去生活完全不同的環境，是很困難的一件事。人生不同的階段就像山的另一側，除非實際生活上有所改變，否則很難真實的體會到另一種世界觀。

對於從學校畢業後就一直過著上班族的生活，尤其從未換工作、一直待在同一家公司的人來說，副業代表不同的人生階段，難以憑空想像。若聽到有人說「在副業之後，還有創業的階段」，大部分人恐怕也無法立刻理解。

雖然這或許無可厚非，但如果因為無法想像，就不嘗試踏出這一步，我認為這未免也太可惜了。

假如無法想像，那就跨越那座山頭，親自到那個階段上看看。如果不踏出那一步，副業便永遠不會開始。

即使無從想像下一個階段，學生仍會在高中畢業後進入大學、大學畢業後就業，這是一段固定的流程。就像搭手扶梯一樣，會自動升高到不同的階段（在日本，從小學到大學都就讀相同學校的內部升學方式，被稱為「手扶梯式直升入學」）。但在此的「手扶梯」指的是，即使沒有改變的強烈意志，也會自然走向下一個人生階段）。

過去就讀於男校或女校的人，如果進入了男女合校的學校，不論是否願意，也得面臨嶄新世界的挑戰。這可能會讓他們發現另一個新的自我。

然而，一旦從學校畢業，進入公司上班，假如中間沒有歷經轉職的階段，只在本業上埋頭苦幹，那麼除非自己主動選擇改變，否則也無法提升到不同的階段。在這種情況下，自然難以拓展知識和人際關係，只能繼續待在狹小的世界中。

如果無法像搭手扶梯一樣自動向上提升，那麼想看到新的世界，唯一的方法就是自行提升到不同的階段。

其中一種方法，就是經營副業。一旦開始，就能拓展知識及人脈，擴大本職工作、私生活與副業的人生圓圈，獲得前所未見的廣闊視野。

成功案例

人資主管斜槓形象顧問

- 姓名：坂井二郎（五十五歲，男性）。
- 本職：大型ＩＴ（資訊科技）企業人才開發部門高階主管；副業：形象顧問。
- 副業月收入：平均十萬日圓，最高三十萬日圓。

坂井先生在一家大型ＩＴ企業任職，薪水很高，可以說是上班族中的勝利組。但他對本職工作並不熱衷，總感到有些不盡如人意。因為在學生時代，他沒有很積極的找工作，最終在泡沫經濟末期（按：**日本泡沫經濟大約指從**

一九八六至一九九一年的經濟高速發展時期）隨便進入一家公司。即使在這個領域待了二十多年，他也坦言「對科技業並沒有太大的興趣」。

這可說是把本職當作飯碗的典型案例。

成為他人生轉捩點的契機在於，在擔任業務時，幸運的遇到與服裝業相關的工作——剛好是他非常喜歡的領域。隨著與客戶的關係越來越密切，從小就對時尚充滿熱情的他，開始考慮將其轉變為終生的志業。

然而，雖然羨慕從事時尚工作的人，但坂井先生最終仍**缺乏辭去原本工作，轉行到時尚產業的勇氣**。他也很喜歡自己的公司和同事，因此決定透過副業，來嘗試自己真正熱愛的時尚產業。

坂井先生會選擇以形象顧問當作副業，據說起初是因為在妻子訂閱的雜誌中，讀到一位女性形象顧問的創業故事，並感到震撼。

值得一提的是，坂井先生以與他同年齡層的中高齡男性（大叔）為目標客群，根據每位大叔的不同需求，為他們提供最適合的穿著建議。在從事本職工作的同時，他積極的參加相關培訓課程，讓自己的興趣變成專長。

對於想開始挑戰斜槓的人來說，坂井先生的選擇是相當不錯的參考案例。

即使在副業中可以發揮自己的興趣與專長，如果市場不存在需求，也無法賺到錢。因此，應選擇市場已被開發，並確實有需求的副業。如果過度局限在小眾市場，最終容易沉沒於藍海中，這一點會在本書中數度提及。不過，**在確定有需求的紅海市場中，適度增加獨特之處，會更容易成功**。如此一來能創造獨特賣點（Unique Selling Proposition，縮寫為USP），並利用創新性，以合理的價格提供產品價值。

形象顧問這個職業的市場，起初是從名人或高階管理者等有限的客群開始，之後才逐漸向一般大眾擴散。一般來說，主要的目標客群是對時尚較為敏感的年輕族群，尤其是女性。針對中高齡男性的形象顧問服務，相對來說似乎是尚未開發的市場。

坂井先生也明確表示：「我身為一名業務，平常會特別留意自己的裝扮，但我發現同年齡層的大叔對這方面大都不太擅長，容易因為外表吃悶虧，所以我想傳授相關的裝扮技巧，協助他們增進與他人之間的交流。」

坂井先生在頂尖形象顧問的指導下，提升了不少技能與經驗。當他逐漸認同自己的實力時，就開始透過熟人間的口碑相傳來累積客戶數，以此獲得了第一筆值得紀念的收入。

至今，坂井先生從事副業已經超過十年，他原本計畫如果能達到與本職差不多的收入水準，就下定決心創業，將其視為終生的志業。而目前每個月的平均收入大約是十萬日圓，從斜槓的角度來說雖然不錯，但要養家糊口，仍有點困難。

即便如此，**持續經營副業，也對他的本職工作產生了正面的影響**。身為一名業務，他讓公司管理階層也意識到提升員工外在形象的重要性，並在自己轉調的人才開發部門內，致力推廣形象顧問的相關活動，這些活動隨著公司實施服裝自由制而加速推進。

在新的部門裡，他針對對服裝自由制深感困惑、難以擺脫以往只穿整套西裝的中年男性員工，舉辦了與個人儀容和美容相關的研討會，將副業中培養而來的技能與經驗，運用在本職工作中。專門為「大叔」提供形象顧問服務的坂井先生笑著表示：「在公司內部，我現在被稱為『穿搭教育大叔』了。」這種讓工作飯碗與終生志業相輔相成的做法，你不覺得也很棒嗎？

第 三 章

不失敗的祕訣

1 應避免的副業類型

對於長年以來一直過著上班族生活的人來說，即使知道經營副業能帶來不少好處，可能也不知該從哪裡著手。這時候的重點在於，在考慮要選擇哪種職業之前，最好先用排除法來檢查，你應該避免嘗試哪些副業。

絕對不該從事的斜槓，通常具有以下五項特徵：

- 須管理庫存。
- 易失去他人的信任。
- 需要初期投資及固定支出。

- 無法即刻收手。
- 金錢導向，缺乏成就感。

為什麼應避免接觸具有上述特徵的副業？以下將依序解說。

1. 須管理庫存

如果從事和多層次傳銷或轉售等相關的副業，便需要一個存放商品的地點，意味著存在庫存累積的風險。如果庫存無法依照預期順利銷售，可能導致保管成本增加。

2. 易失去他人的信任

比金錢更重要，且不該輕易失去的東西是什麼？就是他人對你的信任感。

人與人之間建立信任，需要很長的一段時間，但失去它只需要一瞬間。我們常聽到令人感到悲哀的案例：總有些人因為強行推銷產品、可疑的商品或人壽保險，導致失去親近的朋友或人脈。

生活中親密的朋友及人脈，是人們一生中無可取代的財富。我認為，若是為了經營副業而失去這些寶貴的人際關係，實在得不償失。

3. 需要初期投資及固定支出

需要準備辦公室或僱用員工才能經營的業務，會涉及初期投資和固定支出的費用。經營副業無法保證百分之百會成功（當然有失敗的風險存在），一旦涉及初期投資和固定支出這類的花費，就會希望更快獲利，導致焦慮，往往無法聚焦在真正想做的事上，而是專注於賺取利益。

因此，剛開始就需要花錢的副業應排除在外。如果是挪用不會影響生活的閒錢那倒還好，但我不建議選擇須借債才能進行的副業。如同在前言所述，斜槓分為好幾個重要階段，一開始從零收入開始，在抵達零用錢階段（月收入五萬日圓）、本職階段（月收入三十萬日圓）前，需要一段不短的時間。

須特別留意的是，外匯交易或加密貨幣等，應該盡量避免——除了需要初期投資，一個不小心，投入的資金不僅歸零，甚至可能背負巨額的債務，所以絕對不該輕易涉足。

4. 無法即刻收手

在多層次傳銷或自己成為代理商等相關業務中，有時須簽訂像年度合約等書面契約。當你想收手時，就無法隨心所欲。即使可以，也可能須支付一定的違約金。此外，假如租用辦公室、僱用員工或持有庫存，也不可能輕易辭去。

5. 金錢導向，缺乏成就感

想實現的事應該試圖在副業中實現，而不是本職。如果副業與你感興趣的事物無關，或難以創造成就感，便無法長久經營。若已能透過本業這個工作飯碗賺取足夠的薪資，那就應該在副業中追求成就感。

在我採訪過的人當中，有人表示：「之前從事套利交易（按：某種實物資產或金融資產擁有兩個價格的情況下，透過價格差異獲利的交易形式），一個月的收益最高可以達到七十五萬日圓，但我還是覺得，之後不想再繼續下去。這對我的精神負擔太大，所以最後選擇放棄。」（詳見第三章成功案例。）

在新冠疫情爆發後，像 Uber Eats 這類外送及宅配業的人力需求增加，有些人可能因為某些原因失去本職，不得不從事外送及宅配業，但也有不少人會將其當作副業來補充收入。如果工作內容本身是自己想做的事，那倒也不錯，但如果只是為了賺錢，在從事本職之餘，還得花費自己的時間、體力和精神做第二份工作，這樣的方式不僅辛苦，也難以持續下去。

2 確保了工作飯碗，就不必擔心錢

正如我在前言中提到，可以建立一個圖表，來明確區分本職和副業——將自主性放在縱軸，盈利性放在橫軸，來比對和衡量。讓我們再次複習一下（見左頁圖表）。

在這四個象限當中，右下角的C代表了不太想從事，但盈利性高的工作飯碗，這是為了謀生而選擇的本職。

本書介紹的副業則位於右上角的B，代表既想從事又有盈利性的終生志業，這是一份想持續一生的工作。

為避免誤會，在此要特別補充說明，我不認為終生志業比工作飯碗更有價

用四象限圖區別本職與副業

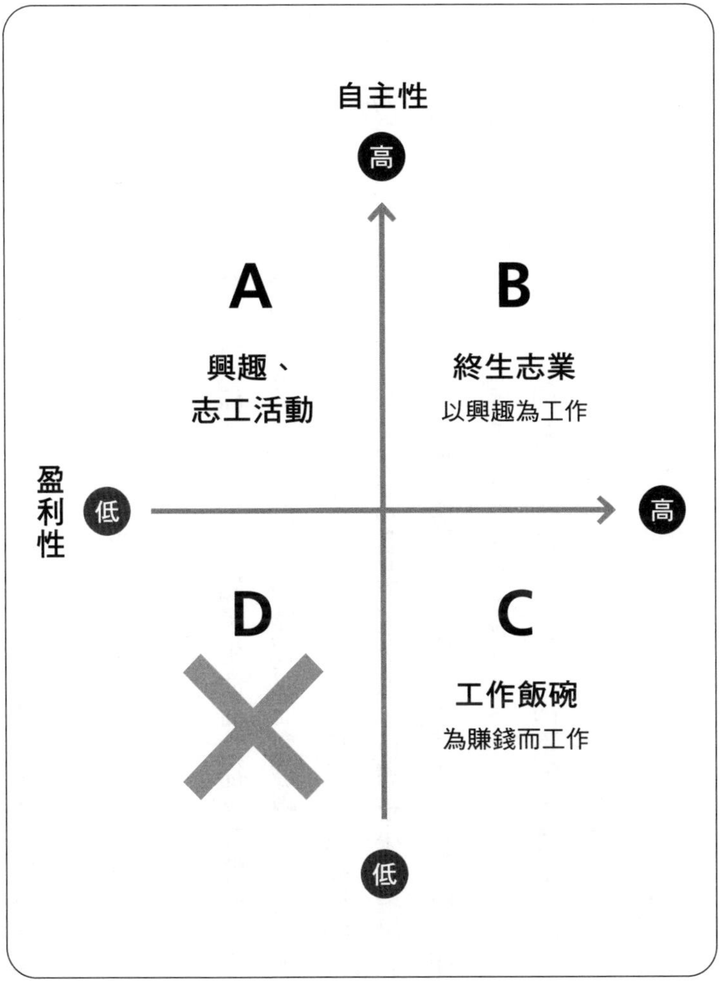

值。因為生活需要金錢來維持，所以沒有必要對「為了金錢而工作」抱持負面的看法。

但在這個社會上，似乎並沒有許多人，將「工作飯碗＝為了金錢而工作」視為正向的看法。

從另一個角度來看，藝術家或娛樂界人士「為了生活而（從事其他的）工作賺錢，但同時為了實現夢想而努力」，這段心路歷程反而會被視為美談，獲得正面的評價，這確實有些令人感到不可思議。例如，「一位名不見經傳的音樂家，在居酒屋打工維持生計的同時，仍夢想著主流出道，持續在小型現場演出」，或「一位舞臺劇演員的新人，以遊樂園的工作維生，週末則把握所有在小劇場演出的機會」，這樣的佳話經常出現在各大媒體上。

當聽到這些故事時，沒有人會因為「心中懷抱夢想，卻不得不為了金錢而工作」頻頻皺眉。相反的，我們更傾向於支持為了實現未來夢想而努力的人。

然而，當一個有其他夢想的上班族被說成是「為了金錢而工作」時，不知為什麼，就帶給人一種負面的印象。

但就如同第一章曾詳盡解釋過的，一名普通上班族要將想做的事變成工作，原本就不容易。

身為一名上班族，假如工作既能賺到錢又獲得成就感，自然是最理想的狀態（即第九十三頁圖表中的B）。但即使缺乏成就感，只要能賺到錢，本職工作也該得到正面的肯定。

對於僱用上班族的公司來說，只要員工能提供與薪水相應的表現，上級並不會在意你對工作抱持哪種想法或動機。

擺脫「上班族也應該從工作中找尋成就感」的固化思維和心理掙扎，並肯定「上班族的本職是為了賺錢的工作飯碗」，能讓你更真摯的面對自己目前的工作。**正因為確保了工作飯碗，不必擔心金錢的問題，才能毫無顧慮的投入副業**。為了促進副業的普及化，讓更多人達到自我實現，我希望大家能更加正面的看待本職工作。

3 YouTuber，比你以為的苦

有些人可能會考慮將YouTuber作為副業，這是個正確的選擇嗎？從前面曾提過的標準來說，YouTuber並不符合「應避免的五大特徵」當中的前四項，問題在於與最後一項是否相符。

如果當YouTuber是利用你原有的技能，且是心裡真正想做、能體會到成就感的事，那麼當然沒問題。但如果只是為了吸引群眾注意和提升頻道熱度，而持續從事與自己的技能和自我實現毫不相干的活動，那麼無論從身體或心理上來看，都只是一種折磨，可預見在賺到錢之前就會感到疲憊不堪。

對於沒有實際體驗過的人來說，成為一名YouTuber並從中獲利，或許比你想像的要困難得多，且需要大量的時間和努力。

YouTuber 賺取收益的方法，主要有以下兩種：

- 賺取廣告收益。
- 在頻道上販售商品。

許多 YouTuber 都是以第一點「賺取廣告收益」為目標。這是一種成果報酬型廣告，也就是所謂的聯盟行銷。當使用者（觀眾）透過聯盟行銷的廣告購買商品或服務時，廣告主會向媒體營運者（在這種情況下是 YouTuber）支付相應的報酬。

雖然確實有成功的案例，但在目前競爭激烈的環境下，要在眾多對手中脫穎而出，並獲得足夠的觀眾數以實現廣告收入，是件非常困難的事，須投入大量的時間和努力。

另一方面，**由於許多人將 YouTuber 當成本職工作來經營，這對於把**

YouTuber 作為斜槓的人來說，處境可說是更加不利。

至於收益化手段第二點「在頻道上販售商品」，對大多數人來說，手頭上缺乏可販售及獲利的商品。即使有，也容易涉及「應避免副業」中提到的項目，例如，**須維持庫存、要準備初期投資與固定支出的費用，或無法立即收手等**，因此要謹慎行事。

綜合上述，應避免的副業類型是：

- 多層次傳銷。
- 轉售業務。
- 外匯交易或加密貨幣投資。
- 外送服務業，例如 Uber Eats。
- YouTuber 或聯盟行銷。

4 喜歡但不賺錢的事，先當興趣

前面提到YouTuber可能不適合作為斜槓來經營，但如果你單純覺得「經營YouTube頻道雖然賺不到錢，但我樂在其中，所以想繼續下去」，這樣的想法其實很棒。

這屬於第九十三頁圖表中的A，也就是「想做但盈利性低」的項目，所以不算是副業。這應該先當作興趣，持續經營下去。

除了本職與副業之外，如果還有培養其他興趣或參加志工活動，也會因此拓展人脈，並獲得更多磨練自我的機會。

俯瞰整個人生全景，相較於只有本職的獨立打法，本職加上副業的二刀流打法，更能提升人生的充實度。我認為，如果再加上興趣與志工活動，就成了更充實的三刀流。

我自己也有持續從事「喜歡但低盈利性」的活動，那就是漫才（按：日本的喜劇表演形式，大都由兩人組合演出，一人負責裝傻的角色，另一人擔任吐槽的角色。演出方式與中國的對口相聲相似）。我曾參加二〇二二年的「M–1大賽」。M–1大賽是一個僅限組成十五年內的新手漫才師團體參加，無論是職業人士或像我這樣的業餘愛好者，都能報名的大型漫才比賽（單口喜劇演員除外）。據說在二〇二二年，有高達七千兩百六十一組團體報名。

在M–1大賽中，大多數的業餘參賽者會在第一輪比賽被淘汰，能進入第二輪的都是職業漫才師（而且最後只有十組能進入決賽），我當然也在第一輪中被淘汰。

在那次參賽的過程中，我唯一可以拿來說嘴的表現是，在現場成功引起了陣陣笑聲。一般來說，在第一輪比賽中，觀眾幾乎不會為了未曾見過的業餘漫才師的表演而發笑。

我曾向一位過去隸屬於吉本興業（按：日本一家以搞笑藝人為主的大型娛樂公司）的諧星討教，他表示，哪怕只能在觀眾席中引起一陣笑聲，就已經是值得表揚，達到「很厲害！」的程度了。沒想到，在二〇二二年的第一輪比賽中，我們卻贏得了五次笑聲（即便如此，還是無法晉級到第二輪，可見專業人士的實力果然不同凡響）。

對我而言，漫才完全是一種興趣。我之所以從事相關的活動，只是因為自己喜歡，它並不具任何盈利性，我也從未考慮透過漫才賺錢。

即使不賺錢，漫才也為我帶來了許多收穫。

原本我其實不太擅長在他人面前說話。不過，持續從事漫才活動，大幅提升了我的溝通能力（社交能力），也同時強化了我身為講師的能力。

此外，由於我本身也是為希望挑戰副業的人們提供支援的教育者，因此希望能透過漫才這項興趣，展現自己勇於挑戰的決心，這也是我持續漫才這項活動的原因之一。

值得高興的是，這份努力得到了回報。日本高知縣的一家書店邀請我，以漫才演員的身分進行了首場公開演出。活動前半是關於「年初設定目標」的演講，後半部分則是漫才的現場表演，這種頗具特色的活動結構，博得了許多人的好評。

即使是無法立即轉化為收益的興趣和志工活動，只要能堅持下去，也有可能對本職和副業發揮正面的影響力。

成功案例

醫界行銷人員跨行寫文案

- 姓名：貴明先生（三十多歲，男性）。
- 本職：與醫療行業相關的行銷與企劃工作；副業：寫作。
- 副業月收入：平均十五萬日圓，最高三十一萬日圓。

擁有創業家精神的貴明先生，長久以來一直考慮創業的可能性。為了踏出獨立的第一步，他決定開始經營副業。

貴明先生首先嘗試的是商品銷售業，他從中國進口低價商品，透過拍賣網站來販售，算是套利交易的一種。

也許是因為本職的市場行銷經驗發揮了作用，銷售業績一直呈現穩定成長，月銷售額最高達到七十五萬日圓，淨利潤超過了二十五萬日圓。

雖然他在這段過程中，也獲得副業顧問（不是我）的鼓勵，並被建議下一個目標可以設定為月銷售額一百萬日圓，但貴明先生的熱情與業績成反比，逐漸下滑。一個月後，他創下最高銷售紀錄，然而，他決定放棄銷售商品。

據他表示，原因是「雖然能賺到錢，卻發現自己毫無成就感，這樣下去對心理負擔太大」。**缺乏興趣的副業，成了單純的工作飯碗，讓他沒有繼續下去的動力**。

貴明先生在經歷銷售商品的經驗後，開始經營有關試算表軟體Excel的部落格。對他而言，商品銷售的無趣之處，在於很難體會到幫助別人所帶來的成就感。因此，貴明先生在自我分析後，決定開始經營教其他人如何活用Excel的部落格，以幫助不擅長使用的人。

身為理科生，貴明先生從學生時代就對數據處理相當擅長並感興趣。他在公司的業務中完美運用Excel，平時也喜歡在部落格撰寫相關的活用方法，但收入讓他傷透了腦筋。

雖然滿足了副業中「喜歡」、「擅長」的條件（詳見第四章），但明顯缺乏市場的需求。最終，他將寫作這個領域視作自己的副業來經營。契機是聽到一位朋友向他提到「要吸引他人參加研討會真是辛苦」。

平常上班時，貴明先生幾乎每天都會接觸到與行銷相關的寫文案工作。當朋友提出希望有人幫忙撰寫吸引顧客的文章時，他便輕鬆答應了。寫作一直是他從學生時代以來的愛好。

結果，他寫出的文章使活動的參與人數大幅上升，獲得了巨大的成功，朋友也非常感激。貴明先生過去從不覺得自己特別擅長寫作，但這次的經歷，讓他發現自己能為客戶提供價值，這為他帶來了前所未有的成就感。

由於滿足「喜歡」、「擅長」、「需求」這三項要素，貴明先生在寫作中收穫了成功的果實。

報酬方面，為了不對客戶造成負擔，他將價格設定為活動營業額的二〇％。而在行銷方面，他不僅活用口碑效應，還充分利用了CloudWorks、

Lancers、Coconala等日本外包接案平臺來接觸更多的客戶，使業績逐漸提升，客戶數與相應的收入也穩步成長。

開始經營這項工作後，貴明先生開始著眼在「如何提升營業額」上。這讓他能以俯瞰的視角，進一步理解本職公司運作的整體機制。這樣廣闊的視野，幫助他在本職工作上也變得更得心應手。副業帶來的正面效應，不僅讓他在本職中取得遠勝於前輩及同事的優秀成績，同時也為他的職業生涯帶來了嶄新的可能。

雖然貴明先生一開始的目標是創業，但他後來選擇以寫文案的方式接案。目前，他正致力於實現另一個終生志業——教育，為未來開設補習班累積相關的創業經驗。

如果他繼續從事商品銷售業，也許能如另一位顧問所說，逐步將月銷售額增加到一百萬，甚至是兩百萬日圓。但由於缺乏成就感，即使達成目標了也很難持續下去，最終可能會以失敗告終。

經營教他人運用Excel技巧的部落格，雖然能發揮興趣與專長，但因為缺乏市場，如果藉此創業恐怕也會失敗。

當副業符合「喜歡」、「擅長」、「需求」的要素，既可賺錢又滿足內心，才能持久經營下去，包括後續的創業在內，拓展人生的可能性。這一點，可以從貴明先生的案例中再次證明。

第四章

不專精，
讓我更多薪

1 沒有市場，再擅長也沒生意

如果本職是為了賺錢而做的工作飯碗，那麼副業就是能滿足內心的終生志業。既然已經充分理解兩者之間的區別，在接下來的這一章，我們會探討什麼是理想的副業。

在第九十三頁的圖表中，已針對自主性和盈利性為標準來討論工作模式。本章會進一步探討究，如何**根據「喜歡」**、**「擅長」和「需求」這三個要素**，來選擇你應該從事的副業（見下頁圖表）。

這三個要素的交集點，就是對你來說最理想的副業，可根據以下三個步驟找到：

從喜歡、擅長和需求中，找到理想的副業

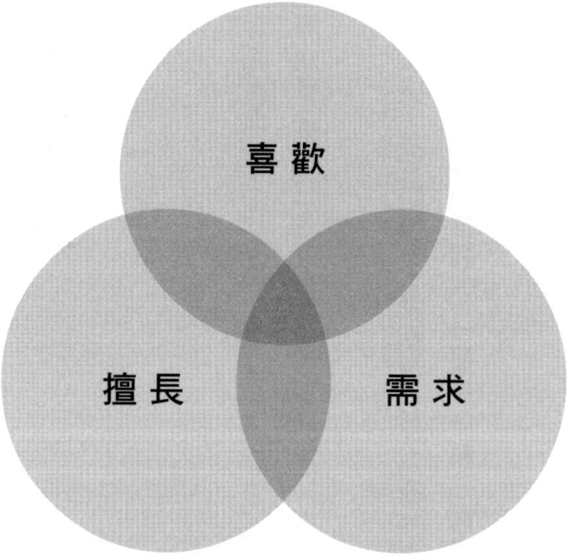

- 選擇喜歡的事。
- 選擇擅長的事。
- 選擇有需求、能賺到錢的事。

1. 選擇喜歡的事

在考慮副業時，應盡量選擇自己想做、能帶來成就感的事。既然如此，首先就要釐清自己喜歡什麼。想做的事，就是你特別熱愛且能全心投入的事物。如果喜歡，就能堅持下去，並逐漸提升相關經驗及技能。

2. 選擇擅長的事

喜歡不一定等於擅長。即使喜歡彈鋼琴，但也並非所有喜歡彈鋼琴的人都擅長彈奏。要當作副業來經營，除了自己喜歡之外，選擇較擅長的領域會更有利。不過，其實只要持續進行喜歡做的事，最終也會慢慢變得擅長。一旦成為專長，將加深對這件事的喜愛程度，形成良性循環。

3. 選擇有需求、能賺到錢的事

即使有到達喜歡、擅長的標準，如果不存在需求，也無法獲得收益。

例如，就算一個人再怎麼喜歡並擅長天文攝影，如果沒有人願意買下他傾注畢生心血的傑作，那麼就不能算是他的副業。同樣的，即使再怎麼喜歡和擅長玩手機遊戲，光憑這一點也很難帶來收入。

沒有需求，單純喜歡、擅長的事物，請當作生活中與盈利無關的興趣或志工活動。正如前面提到過的，從這個方向出發，有時反而會發展成斜槓，甚至是創業的契機。

不過，即使有需求存在，但並非自己喜歡、擅長的事，也無法當作副業。

2 勇敢面對紅海市場

人們在考量副業時，對於「差異化」容易產生誤解。有些人可能會認為，如果無法區隔與他人之間的差異性，副業就無法成立。

在這裡我要斬釘截鐵的說，**經營斜槓時，不須考慮差異化的問題**。有時思考差異化，反而會成為一種阻礙。

這種說法可能讓某些人感到困惑，因為在一般的商業世界中，差異化通常被視為至關重要的策略。因此，當一名上班族想開創副業時，幾乎都會下意識的思考「自己跟其他人有何不同」。但這樣的想法本身就是一大誤會。

在行銷領域，經常會用到「藍海策略」與「紅海策略」這兩個用詞。

藍海策略指的是尋找並專注於競爭對手較少的成長市場（藍海），而紅海策略則是指在競爭激烈且過度開發的市場（紅海）中競爭。公司如果要拓展新業務，就應該避開紅海，尋找藍海。許多顧問公司也多半會提供這樣的建議。然而，公司發展新業務與個人經營副業，是兩種完全不同的情況。

個人經營副業時，即使勇敢的駛向藍海，由於那裡是個新市場，並不一定有充足的需求。因此，即使達到喜歡、擅長的要素，如果不存在需求，就如同空中樓閣，持續性低，且難以實現獲利，更別提未來的創業之路。**副業不須開創一條前人沒有走過的道路，而是應該選在某人已經開拓，且在商業上可成立的市場中競爭**。這樣能確實提升成功的機率。

舉個實例來說，我在顧問領域中從經營副業發展成創業，如果是在二、三十年前，恐怕也難以成功。儘管顧問市場一直以來都有潛在需求，但在那個年代，還是一個需求不明確的藍海市場，在二、三十年前要將它打造成一門生意，想必相當困難。就這一點來說，紅海由於已經擁有成熟的市場機制，雖然競爭者眾多，也確定存在著一定需求。再與喜歡和擅長結合，就能實現「喜歡

×擅長×需求」的黃金法則，理想的副業就此成形。

行銷學中之所以主張要避開紅海，是因為考慮到須對抗規模達每個月數十億日圓營業額的大型企業。要在競爭激烈的市場中後來居上，並將這種規模的生意導向成功，確實須付出不小的心力。

不過，個人的副業頂多也就是每個月幾十萬日圓的規模，與經營企業完全不同。**既然是這麼小的規模，即使在紅海市場，也有機會獲利**。

更進一步來說，不須構思出前所未有的服務，或特立獨行的商業模式。即使你碰巧想到了某個新點子，若缺乏需求，很可能最終仍只是一場空想。

在紅海市場中，不必擔心需求的問題。這也正是紅海的優勢所在。由於提供服務和商品的競爭對手眾多，或許會需要一定程度的差異化，例如價格稍微低一些，或提供的速度快一點，但這些都是投入後才要煩惱的事，一開始不須過度考慮這些細節。

畢竟你已經處於有需求的有利環境，即使沒有特別之處，一時之間也不會有太大問題。在開始後，逐步展現自己的特色就好。

3 剛起步，先模仿

不知道你有沒有聽說過「守破離」這個詞？這個詞代表日本茶道或武道修行的幾個階段，源自茶道宗師千利休的教誨。三個階段的詳細說明如下：

- 守：忠實的遵循師父或流派的指導、形式、技巧等。
- 破：接觸其他師父或流派的教導，汲取其精華，打破既有的形式。
- 離：脫離既有的教導和形式，自由發揮，創立自己獨特的風格。

我認為，守破離的精神不僅適用於日本的茶道以及武道，也能運用在其他領域。

立體主義創始者之一的巴勃羅・畢卡索（Pablo Picasso）改變了當代藝術，但他一開始也不是只畫立體主義風格的畫。他在美術學校學習傳統的繪畫風格，經歷以藍色為主調，內省的「藍色時期」，再深受非洲雕塑等原始藝術的影響，打破既有的形式，最終才走向立體主義。宛如「守」與「破」的階段，促成了立體主義這一「離」的誕生。

經營副業時，守破離的思想也非常值得參考。如果跳過「守」和「破」，直接從「離」開始自成一派的做法容易翻車，也就是失敗的風險較高。有不少相關的失敗案例，典型的故事如下：

某位上班族對毫無長進的薪水感到不耐煩，決心要靠副業賺多一點，於是積極的上網搜尋「如何開始斜槓」的相關資料。

獲得一知半解的知識後，他盤算著「如果當顧問的話，初期成本是零，聽說每個月至少能賺十萬日圓」，然後展開了他既不喜歡也不擅長，甚至完全不想做的顧問工作，並開始發郵件給朋友和同事、強行推銷。最終，失去了原有的信任和人脈，客戶卻完全沒有增加。

我們很常看到這類失敗的案例。

看到這裡你可能會想問，如果不能自成一派，那又該怎麼開始？答案很簡單。就是不要驕傲自滿，也不要急躁不安。不驕不躁，從「守」這個階段開始慢慢進行就好。

首先，**徹底研究成功的例子，找到一個適合自己生活方式和步調的副業**。

如果不花足夠的時間在這個過程上，就可能產生像「顧問似乎能賺不少錢」這類錯估情勢的觀念。

請在自己喜歡和擅長的領域，**找到值得仿效的成功案例，把那個人當作你的心靈導師**、把自己當成對方的徒弟，徹底學習相關知識技能，然後依樣畫葫蘆，實際嘗試看看。

不是在尚未出現太多成功者的藍海市場，而是在已經培養出許多成功者的紅海市場，尋找出一個值得仿效的心靈導師，應該不會太困難。

在商業世界中，徹底學習取得高成就的企業或組織的成功案例，並進行模仿（基準化）的做法，已是一種常態。

如果是以藍海為目標發展新業務，可能需要前所未有的創新，也就是達到「離」的階段。但對於副業來說，只須達到「守」的階段就夠了。

在這個階段，你可以累積相關經驗與知識，後續可能在考慮創業的過程中，不知不覺的進化到「破」的階段。無論如何，在剛開始經營時，沒有必要抱持遠大的願景。

4 只有極少數人能成為網紅

關於副業，在此我先將前面提到的內容做個總結：

- 位於喜歡、擅長、需求這三項要素的交集點。
- 在已存在一定需求的紅海市場中競爭，較不容易失敗。
- 避免自成一派，徹底模仿成功的實例。

遵循這三個原則，我整理出十分推薦的副業模式。

現在，「網紅」這個詞非常流行，甚至有女子偶像團體用這個詞當歌名

（按：此指日本偶像團體乃木坂46的第十七張單曲《大影響家》〔日文「インフルエンサー」有網紅、影響者的意思〕）。它指的是透過社群媒體等媒介，對許多人產生影響力的人。擁有眾多追蹤者且能發揮強大影響力的YouTuber和Instagrammer為典型代表。

現在，幾乎每天都能在各大媒體上看到人氣網紅的名字，推動了網紅經濟的新熱潮，許多人可能因此嚮往這樣的工作和生活方式。有的人或許會想仿效這些網紅的做法，立志成為網紅，以經營社群媒體發展斜槓，但這樣的做法，成功率並不高。因為這是一個競爭激烈且容易被淘汰的領域，只有極低的機率能成為新的網紅（如果能發揮影響力的網紅數量太多，那麼被影響的人數就會相對減少，這對網紅來說也構成一項風險）。

了解網紅經濟後，本書建議的副業又是什麼樣的工作模式？其實很簡單。就是將個人的技能和相關經驗轉化為價值後，提供給客戶的工作模式，並將其當作副業來經營。

選擇自己喜歡、擅長且能產生成就感的技能，並檢查它是否存在需求。**如**

果有複數的成功案例，就代表確實存在客群，這是紅海市場的證據，你可以模仿這些成功案例。

5 我沒有比別人厲害的技能

如果你打算開始經營副業，我會建議活用你已有的技能與經驗。但對此，有些人可能會產生以下的疑問：

- 「我沒有特別厲害的技能，不會很難發展嗎？」
- 「我好像沒什麼可以提供價值的技能。」

我可以明確的表示，這兩項擔憂都是多餘的。並非擁有專業技能或經驗豐富的人，才能從事副業。

會覺得只有擁有專業技能或豐富經驗的人才能勝任，是源自於對技能與經驗產生的誤會。

銷售、影片編輯、活用試算表、行政相關技能、祕書相關技能、人才培育、整理、瑜伽、輔導他人、諮商、占卜、善用智慧型手機、攝影、做簡報……**透過以往的學習、工作、興趣等，每個人或多或少都掌握著一些技能**。你可以將這些能力當作價值來提供。

許多人可能會陷入一種錯覺，認為「雖然自己確實在銷售領域待了很久，但不具備可稱作銷售才能的能力」，或「雖然我會一些影片編輯的小技巧，但更擅長的人比比皆是」，因此判斷自己不適合做副業。

這就是誤會的起點。

如果我們繪製一張「技能金字塔」（見左頁圖表），每層金字塔代表擁有該技能的人數。然後將技能由下而上區分成四個等級：無技能、初級技能、中級技能、高級技能。

技能越高級，具備的人數越少（所以才形成金字塔狀）。在金字塔中，**人**

技能金字塔中，人數最多的是「無技能」階段

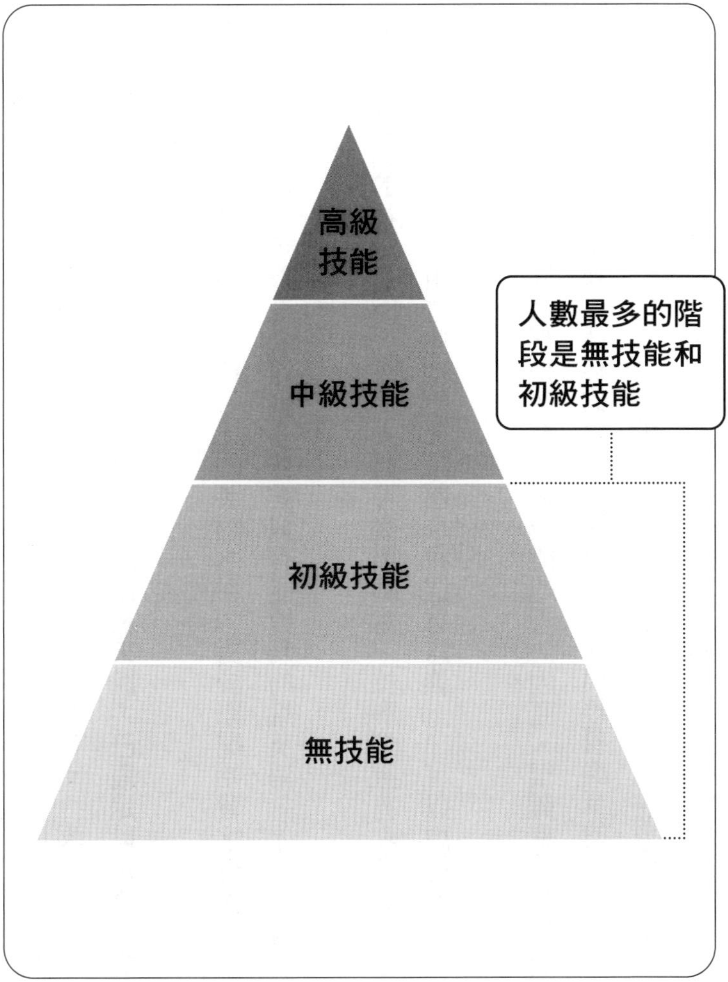

數最多的是最底下的「無技能」層。

如果大多數的人都沒有技能，那麼自認為「我只是個新手」或「雖然我會，但肯定還有人更擅長」的人，**對於無技能的層級來說，已經足以提供技能價值。我把這種情況稱之為「技能差距」**。

例如，即使是會讓外國人笑掉大牙的英語水平，對於剛開始背字母表的小學生來說，已能提供一定程度的價值。並非只有能流利的說英語，才算是有用的技能。

只要有一點點的技能差距，任何人都可從事副業。特別是擁有許多辦公室技能的上班族，也可以活用這些差距來開創。在這層意義上，可以說持有技能差距的上班族＝副業的潛在群體。

只不過，多數上班族周遭都是擁有相似技能的人，因此，很難察覺到技能差距的存在。或許也正是缺乏這樣的自覺，所以難以邁出經營副業的第一步。

舉個例子來說，假設有一位上班族長期從事銷售工作，每週都會用到PowerPoint，來製作向客戶介紹新產品或服務的簡報資料。對這個人而言，這可能只是日常的例行工作，也或許他會覺得，自己的同事也都能輕鬆應對這項工作。但對於從未接觸過PowerPoint、沒有做過簡報的人來說，這樣的人可能是他們心目中的簡報大師，足以提供學習價值。

同樣的，即使在公司的財務部門表現得不怎麼樣，被前輩貼上吊車尾標籤，或在公司的法務部被認為缺乏競爭力，但對於不具備相關能力的人來說，也能提供十足的價值。

6 你自認的「普通」其實不普通

假設有個人在剛成為上班族時，被分配到業務部，經過一番努力，終於在數年後成為稱職的業務員，而在此之前，他的業績與同期入職的同事相比，一直是敬陪末座。

我認為，**這種類型的人，反而特別適合從事像銷售培訓、輔導這類型的副業**。「不，我比同期同事的業務能力差，才經歷這麼多苦頭，所以肯定不該發展與銷售相關的斜槓。一開始銷售成績就很好的同事，應該更適合吧？」這樣的想法，其實是錯誤的。

因為**從不會到會，「前後差距」越大的人，更能提供充分的價值**。

請稍微想像一下。

假如某天你想學英語，你會選擇向在美國出生的美國人，還是歷經艱難才掌握英語能力的本國人學習？或者，如果要學游泳，你會選擇向從三歲開始就進泳池訓練，甚至曾是競泳日本代表的頂尖游泳運動員，還是從小就是個旱鴨子，卻在成年後精通游泳的人學習？

正確答案是：要學英語的話，不妨向辛苦學會說英語的人學習；想學會游泳，就要找原本是個旱鴨子，後來努力學會游泳的人學習。

找外國人學英語，確實會是學習正確發音的範本；向頂尖游泳運動員學習，也肯定更有機會仿效正確的游泳姿勢。

但是，從小就會說英語的外國人，無法理解不會說英語的人的辛苦和煩惱；同樣的，從小就能輕鬆游泳的頂尖游泳運動員，也不會懂旱鴨子怕水的苦惱和須付出的努力。

經歷努力才學會說英語的人，和曾是典型的旱鴨子、最後學會游泳的人，由於他們的前後技能差距相當大，因此，可以理解不會說英語的人，或不會游泳的人的感受，且能根據自己的經驗，耐心的教導他們如何進步。

在這個意義上，**你一開始並不擅長，卻努力克服的事，會比你做一開始就擅長的事更有價值**。對目前仍在為類似問題苦惱的人來說，你更可能提供實質的協助。

我過去也有自我肯定感非常低，跟剛見面的陌生人交談會感到不自在的時候。為了克服社交恐懼，我進行了大量的自我投資及訓練。這段經歷，現在在我進行輔導時，確實也帶來了很大的幫助。

7 不需要專家等級的技術

我想分享一個最近體驗到的、有關技能差距的故事。

之前，有一位女性攝影師，為我拍攝了刊載在雜誌上的照片，她的作品非常出色，充滿了自然且具親和力的氛圍。

在拍攝間閒聊時，我得知她在幾年前還只是一位平凡的家庭主婦。她一開始是用手機拍攝，以記錄孩子的成長和自己做的料理，逐漸的，孩子開始稱讚：「我好喜歡媽媽拍的照片！」朋友也頻頻詢問：「妳的照片拍得真好，怎麼拍的？」而且越來越多人提出類似的問題。

後來丈夫對她說：「妳的拍照技術，或許能當作一份工作。」這成了她決定以攝影開始經營副業的契機。她說：「雖然我從小就喜歡拍照，**但從來沒有學過專業的攝影技巧**，所以沒想過它會成為我的職業。」

我想，這正是一個透過技能差距，孕育出副業的典型案例。

提到攝影師，人們往往會先入為主的認為，擁有專業技術和表現力的人，才能從事這個職業。但實際上，就像這位家庭主婦轉職為攝影師一樣，即使自認沒有那麼專業的技術和表現力，也能發展為斜槓。

在現今這個時代，人人雖然隨時都能用手機拍照，但並非每個人都拍得很好。像她這樣，哪怕只是稍微出色一點，也成功開創自己的道路。

8 金錢與心靈上都自由

副業有兩個重要的好處，就是得到在本業中無法獲得的兩種自由：

- 金錢上的自由。
- 心靈上的自由。

1. 金錢上的自由

剛開始經營副業的人，首先會感受到的是，能獲得金錢上的自由。

上班族的薪水大致上是固定的，薪資也很難快速的提升。如果加上斜槓的收入，能做的事就會更多。例如，經濟上比較寬裕，晚餐能嘗試更多外食，在週末出遊也會有更多的選擇，甚至有更多機會贈送精美的禮物給伴侶。

此外，剛開始經營副業時，不須準備初期投資及固定支出等費用，以及擔心庫存問題，這些都是相當大的優勢。

2. 心靈上的自由

經營副業還有一個前面沒提過的好處，就是能提升人們的自我肯定感。自我肯定感，指的是接受「真實的自己也很好」，能正面評價自己的價值，積極的投入本職與私生活。

相反的，如果自我肯定感過低，會陷入「自己毫無價值」的思維與煩惱，持續下去甚至有可能發展成憂鬱症。

因此，為了在當今充滿不安與壓力的社會下保持健康的生活，可適度利用副業，提升上述的自我肯定感。在從事副業時，容易獲得心靈上的自由，達到提升自我肯定感的效果。這是為什麼？

商業活動大致可以區分成Ｂ２Ｂ和Ｂ２Ｃ兩種。

Ｂ２Ｂ是Business to Business的縮寫，意指企業間的交易，如製造商與供應商、承包商與分包商之間的交易。從事Ｂ２Ｂ工作的人不少。他們平常可能沒有太多與最後使用者（一般消費者）接觸的機會，也不太可能聽到使用者的意見回饋。

相對的，Ｂ２Ｃ是Business to Consumer（或Customer）的縮寫，指的是企業與最後使用者之間的交易。

與Ｂ２Ｂ相比，Ｂ２Ｃ的業務會更貼近最後使用者，但仍然很少有機會直接接觸到每一位使用者。

例如，製造啤酒的公司是典型的Ｂ２Ｃ業務，但沒什麼機會接觸到喜愛啤酒的最終使用者族群，當面聽到他們說：「我們家從祖父母那一代開始，就是你們的忠實粉絲了。超喜歡那種獨特的苦味。請繼續加油！」之類的話。

相反的，副業能選擇直接面對最終使用者，因此有不少機會，直接獲得意見回饋或感謝。

經營副業，不僅能讓人活用自己的喜好與擅長，同時也透過自身提供的價值體會到成就感。而且由於可以直接獲得客戶的感謝，因此還能增進自我肯定感，進而達到舒緩壓力、獲得心靈自由的效果。這是多層次傳銷、轉售業務、聯盟行銷等所欠缺的，副業不可忽視的優勢之一。

即使在金錢和時間上獲得自由，倘若缺乏成就感或無法提升自我肯定感，壓力就會在不知不覺間逐漸累積，難以化解心中的苦惱。如此一來，就算賺得多，也很難長期持續下去。無法適度排解壓力，甚至可能會對本職工作產生負面的影響。

獲得心靈的自由，將使精神上更有餘裕，從而對本職工作發揮正面的影響力。且私生活會因此更充實、讓人能更加珍惜與家人相處的時間，最終進一步提升幸福感。

9 不須考取相關證照

「想從事副業，須先準備好相關證照嗎？」這是一個十分常見的問題。從結論來說，並非都需要證照。

舉例來說，社會上有許多從事攝影師、寫手、造型師、音樂家、演員等職業的人，但不一定須具備證照才能從事這些工作。說得極端一點，只要名片上印有「攝影師」的頭銜，任何人從今天開始都可自稱是攝影師。同樣的，一般上班族在工作上也不需要特定的證照。經營副業時，最重要的是「是否擁有能讓客戶感到滿意的技能」，就這麼簡單。

在眾多職業中，確實存在一些如果沒有國家證照，就不能從事的職業，如律師、記帳士、司法書記官、醫生、建築師、社會工作師、氣象預報員、營養管理師等。但在副業當中，需要證照的可說是少之又少。

即使存在相關的證照，大都是沒有特定應考需求的民間證照，通常可透過線上課程等方式輕鬆取得，如祕書、室內設計項目協調員、收納顧問、香薰治療師等。這類證照，基本上可視作民間機構或企業組織的相關商業活動。只要擁有客戶期望的技能，就不必擔心是否需要相關的證照。

許多人非常熱衷於取得證照。雖然我認為為了這個目的，深入某個領域學習不是件壞事，但如果將取得證照當作終點，那學習就毫無意義了。即使多益（TOEIC）考試能考九百分，有些人也依然無法用英語進行有效溝通。

說實話，我反對特別去考證照。與其以此為目標花時間準備考試，還不如將這些時間用來提升自己的技能，更能獲得加倍的成效。

10 經營副業的好處

在我的副業研討會當中，有不少學員曾提到：「我只是個普通的上班族，不覺得自己能靠斜槓賺到多少錢，創業更是遙不可及的夢想。」

主動來參加研討會，對副業抱著積極態度的人都會這樣想了（當然，這其中或許包含了謙虛的態度），沒有特別參加研討會的上班族，更是有許多人認為副業和創業，與自己這輩子完全無緣。

然而，並不是只有非凡、優秀的人才能發展斜槓，甚至實現創業的夢想，而平凡的一般人，就得甘願停留在上班族的框架中。這是歷經上班族的身分，與經營過副業、最終創業的我最真切的感受。

即使在創業後，我仍有許多與上班族共事的機會。在這其中我再度體會到，他們在第一線能發揮的優秀表現。

大多數的上班族，平常都很擅長處理多重任務和複雜的工作。他們的ＩＴ技能普遍較高，溝通能力也很出色。即使工作內容臨時調動，也能在短時間內掌握需要技能，發揮組織期望的表現，並具備相應的靈活性。

在經營副業和創業時，人們往往會專注在自己想做的事上，所以我認為，在處理多重任務和靈活應對等能力方面，上班族其實更勝一籌。

前面也提到過，如果你認為自己很普通，那可能是因為在你的周遭有許多擁有同等技能的上班族。從外人的角度看來，這些「普通」的技能可能並不平凡。應適時掌握這一點，將這樣的技能發展為斜槓。

那麼，**繼續留在上班族這個既定框架中的優秀人才，與勇於邁出開創副業第一步的人之間**，又存在著什麼樣的差異性？

追根究柢，我認為**兩者之間的最大不同，在於風險承受能力**。當能承擔一定風險的人開始從事副業時，風險承受能力過低、害怕微小風險的人仍無法踏出第一步。

有些人的風險承受能力較低，而有些應避免從事的副業，確實存在一些涉及金錢以及人脈的風險，但本書介紹的副業，並不涉及什麼太大的危險。人們會對未知的事物感到恐懼，並感受到背後存在風險；然而當事物的本質逐漸清晰，就不會感受到那麼多危機。雖然我不是要推廣運動品牌Nike的廣告標語「Just Do It」（做就對了），但我鼓勵你先踏出第一步。

在實際體驗後，你會慢慢明白「原來透過斜槓賺錢是這麼回事」。隨著經驗的累積，你承受風險的能力可能會更高，甚至出現「在這條延長線上，創業或許也是個不錯的選擇」的想法。

如果你仍多少有點擔憂，也可以從無償的愛好和志工活動開始嘗試，再考慮是否適合發展成副業。

11 我的創業契機

不知道為什麼，從我還是上班族的時期開始，就常有人跟我說：「下釜先生不像是會當上班族的人，我看你遲早會創業。」但我在聽到他們這樣說的時候，總覺得有些抽象。畢竟我自認是個普通的上班族，也並未胸懷大志、懷抱創業的遠大目標。

也許你會覺得意外，但要問到是否有足夠的風險承受力，老實說，我還真的沒自信。至少在剛開始從事顧問的副業時，我還沒產生將來要創業的明確計畫。只是在週末開始經營後，我的想法逐漸改變。

我意識到「原來還有這樣的工作和生活方式」，並對熱衷投入的自己感到欣喜。甚至開始思考：「如果能過得這麼充實且充滿活力，那乾脆向公司辭職，創業也不壞？」但我實在不知道如何掌握「就是現在去做」的最佳時機點。見我如此猶豫不決，妻子從身後推了我一把。

我的妻子本身就是自由工作者，在配音業界已有超過十五年的資歷。在創業方面，她比我要資深得多。由於職業特性的關係，她能從聲音中分析各類情報。某一天，她突然對我說：

「和從公司下班回家的日子相比，副業結束回到家的時候，你的音調狀況明顯有很大的不同。副業結束回到家時，從你的聲音可明顯感覺到狀況非常好。為了你自己，也為了公司，辭掉工作、創業，把現在的斜槓當作本職，可能會是更好的選擇？」

接著，她還建議我：「所以，趕快辭掉工作吧！要不明天就遞辭呈？」她或許是因為擔心我優柔寡斷，不會採取實際行動，才提出這個略顯激進的建議。但當時考慮到要是突然辭職，會給現在的同事、客戶和公司添麻煩，所以沒有馬上辭職。但這確實成為我開始準備，並在半年後離職、創業的契機。

在創業後，我發現過去在只有本職的上班族時期，以及擁有本職和副業的時期看到的景色，都產生了大幅度的變化。

也因此意識到，許多我曾以為會出現風險的狀況，在改變觀點後，其實沒有原本想的那麼嚴重。

基於這些經驗，我認為，如果你有喜歡和擅長的事，並在市場上已存在類似的需求，那還在猶豫是否開始就是在浪費時間。現在就開始你的副業，會發現眼前的景象截然不同，或許也將成為你積極面對未來的契機。

成功案例

報社員工兼職線上活動營運

- 姓名：M先生（五十多歲，男性）。
- 本職：大型報社員工；副業：支援線上活動營運。
- 副業月收入：平均五萬日圓，最高五十萬日圓。

M先生任職於領先數位轉型的大型報社，對他而言，在工作上應用IT技術已是家常便飯。特別是在新冠疫情爆發後，迅速普及的線上會議軟體「ZOOM」，對於員工間的溝通交流至關重要，而利用線上同步儲存服務共享工作資訊等習慣，也是員工須掌握的最基本技能。

M先生擅長使用線上會議軟體和線上儲存服務，在公司內部，他常被視作IT的萬事通，總會有前輩和同事前來求助，但在周遭的人提到「你這水準，都可當作副業」的時候，M先生才意識到，「**自己喜歡和擅長的技能有需求和價值**」。

之前就有經營過其他斜槓的M先生，在我們的副業學校裡，再次發現了意想不到的技能差距。

他原本以為自己的技能很平凡，但在我們的副業學校和公司外社群中，卻收到許多「能這樣熟練的運用真是厲害，下次請再詳細的教我」的回饋。能獲得如此高度的評價，使他備感驚訝。

M先生決定利用這樣的技能差距來從事副業，於是聯繫了過去曾參加過的研討會主辦方。他提議「如果貴公司有轉型為線上活動的需求，我可無償提供協助」，結果收到許多「請務必協助我們」的回應。當時正值新冠疫情期間，也是取代現場研討會的線上活動盛行之際，他因此搭上了這股風潮的順風車。

在本職工作上，由於研討會和原有活動多數都改為線上舉辦，M先生被指派為營運管理負責人。其他員工大都只有線上會議的經驗，而M先生則憑藉著副業，成功舉辦了多次的線上研討會和活動，這些經驗促使他自告奮勇的接任營運管理負責人這個職位。之後，據說他的工作表現，也受到公司內部的高度評價。

這是一個將副業直接活用在本職上的絕佳案例。

M先生在將免費服務轉為收費時，心想「時薪一千日圓就跟在便利商店兼差一樣，太便宜了」，於是決定「至少要兩倍，就決定時薪兩千日圓」，以此設定一開始的價格。

即使轉為付費服務，依然有「找M先生幫忙，線上研討會和活動就能順利舉辦」、「即使遇到突發狀況也能從容應對，真是太感謝了」等好評傳開，幾乎不須特別行銷推廣，客戶就透過口碑不斷增加。

剛開始經營時，他主要採用時薪制，但由於在本職外可分配的時間有限，即使需求增加，能提升的營業額也限。感受到這個瓶頸的M先生，決定將報酬從時薪制轉變為佣金制。

之後，M先生成功實現了創業計畫。在從事斜槓的階段就意識到這種瓶頸的存在，並建立克服它的機制，是非常重要的一件事。因為在創業後，如果不慎遭遇到這類意想不到的瓶頸，就可能會感到焦慮，難以冷靜應對。

M先生一開始是瞞著家人經營副業，但在獲得第一筆收入後，他就立刻帶家人前往比平常稍微奢侈一點的餐廳享受美食。

那時，他在餐廳解釋：「我平常在公司做的事，也能應用在斜槓中，幫到很多人、得到許多感謝，還能賺到錢。今天就用這筆錢享受一下吧！」妻子驚訝的說：「這樣也能賺到錢嗎？」同時很高興能享用美味的料理。

在那之後，家人也對M先生的副業產生了興趣，並理解、支持、鼓勵他，就這樣一口氣克服了家人這關。正因為有家人的支持，M先生才能在獲得更高收入的階段，表明「我正考慮辭去本職，準備創業」，而沒有遇到家人反對。

創業會比經營副業更需要家人的理解和協助，所以像M先生一樣，在從事斜槓的階段就爭取家人的支持，之後在推動創業的階段也會比較順利。

第五章

有心就有力，相信自己

1 你不用真的很厲害

市面上許多書籍和媒體，都有教導關於副業的技巧和相關知識。但，許多人忽略了一點：如果心理狀態沒有調整好，便很難成功。在這一章，我們將探討如何調整心態。

首先要處理的就是「成見」。

如果心懷偏見，可能會阻礙你的副業之路，即使邁出第一步，也容易遇到不少阻礙。反之，如果能放下這些負面的成見，起步就會更容易，並導向成功之途。

心理學上定義的「成見」，是指基於個人的過往經驗，對特定人、事、物，產生固定的解讀。成見是我們思考的出發點，也是認知事物的基礎。這些觀念大多在從小到大的心理發展過程中，會不自覺的學習和固化，成年後難以察覺到這種想法的存在。

例如，假如一個人在童年時被父親嚴格管教，就可能產生「地震、打雷、火災＝父親＝可怕」的成見，但並非每個人都抱持這樣的觀點。

在我的個人經驗中，因為兒時回憶中的父親總是和藹可親，所以會有一種「父親＝親切」的成見。

此外，成見大致可以分為以下兩種類型：

- 對自己的成見（自我形象）。
- 對自身以外的成見（信念）。

接下來將分別針對這兩種成見來說明。

1. 對自己的成見（自我形象）

所謂自我形象，就是你對自己的看法。這包括積極和消極兩個方面，對開創副業來說，消極的自我形象可能包括：

- 我的能力不足以發展副業。
- 我不擅長銷售。
- 我無法在本職以外的工作賺錢。

接下來，讓我們來看看積極自我形象的例子，能對副業產生積極的影響：

- 我是有才華的。
- 我是魅力十足的人。

以我為例，儘管沒有任何根據，但從學生時期開始，我就一直有一種「自己容易被別人討厭」的消極自我形象。

出社會後，當我在與第一次見面的客戶交換名片，並試圖進行眼神交流時，如果對方偶然沒有看著我的眼睛說話（單純是對方較失禮），我就會不自覺的認為「我給他人的第一印象不好，果然很容易被別人討厭」。

2. 對自身以外的成見（信念）

對自己以外的人、事、物，產生「一定是這樣沒錯」的固定解讀，在心理學上稱之為「信念」（belief）。信念也可分為積極和消極，而消極的信念可能會對副業帶來負面的影響。例如：

- 沒有厲害的技能，就無法發展斜槓。
- 只有獨具價值的資訊，才值得提供給別人。
- 沒有累積超過十年以上的經驗，就達不到一流的水準。
- 足夠優秀的人，才能賺到錢。

而積極的信念則有助於推動斜槓成功，比如：

- 副業是人人都可以嘗試的。
- 即使不夠優秀，也可以賺得到錢。

當消極的自我形象與信念和副業結合時，容易產生負面的影響，比較難產生積極的心態。例如：

- 自我形象（負面）↓我還不夠格從事副業。
- 信念（負面）↓沒有足夠的技能，就無法開創副業。

就算已掌握絕對的優勢，這樣的組合會讓人無法踏出副業的第一步。那麼，如果積極的自我形象與信念和副業結合，又會發生什麼事？

- 自我形象（正面）↓我擁有高價值的技能。
- 信念（正面）↓即使技能還不到厲害的水準，也能為許多人帶來價值。

具備這樣的思維模式，能提升你的信心，進而更有可能收穫良好的成果。

2 在筆記本寫下肯定自己的話

接下來，我們將探討如何擺脫消極的自我形象和信念。過程主要可區分為三個階段：

- 記錄消極的自我形象和信念。
- 創建積極的自我形象和信念。
- 鞏固積極的自我形象和信念。

1. 記錄消極的自我形象和信念

如前所述，我們往往在無意識中，已將某些自我形象和信念深植於心，要自我覺察到這些內在狀態，相當困難。

所以，你可以**記錄下來**，讓這些消極的成見可以被看見，不僅能產生新的認知，也能促使我們採取實際行動，改變既定的模式。

2. 創建積極的自我形象和信念

一旦你意識到消極的自我形象和信念，就該試著將它們轉變為積極的資訊，就像在電腦上覆蓋原有檔案一樣。

- 自我形象（負面）→我還不夠格從事副業。

↓

- 自我形象（正面）→我已經具備從事副業的技能。

- 信念（負面）→沒有厲害的技能，就無法開創副業。

↓

- 信念（正面）→即使是一般的技能水準，也能成功開創副業。

假如你已充分理解本書中提到的內容，這種由負轉正的過程會更加順暢。

3. 鞏固積極的自我形象和信念

最後的步驟，是讓剛覆蓋上的積極思維更加穩定。

長久以來的成見可能相當根深柢固。即使你已經覆蓋上積極的想法，若是一個不小心，仍有可能恢復成原本的消極思維。因此須堅持不懈，將積極的信念深植於心，使它們真正定型。

實現這個目標的最簡單方法之一，就是「肯定」（affirmation）自己，讓「我能做到」、「我值得」等想法滲透到潛意識當中。

有效的肯定，能將積極的自我形象和信念深植人心，方法包括：

- 在常帶的筆記本或行程表上，寫下肯定自我的語句。
- 將正面話語設置成手機的桌布。
- 在每天一定會看到的地方，如浴室鏡子或電腦螢幕旁，貼上寫著正面話語的便條紙。

雖然都是看似老生常談，但它們能逐步將你的思維從消極轉變為積極，更接近開創副業的目標。

實際上，前面提到的三個步驟，通常須透過相關課程來深入進行。因此，如果難以確立積極的自我形象和信念，也不用感到氣餒，請有耐心的逐步進行（就算無法立刻做到也沒關係，光是將「消極的自我形象和信念」寫出來，並意識到這些想法的存在，就已經能影響自己了，請嘗試看看）。

3 我如何從內向新人變銷售冠軍

想從副業賺取收益，銷售是無可避免的一環。

不少人會對銷售行為感到抗拒，這也成為他們發展斜槓的一大阻礙。坦白說，我本身也曾對銷售抱著消極的看法，但正因為成功摒除這些成見，我才能從副業走向創業。

通常對銷售感到抗拒，甚至一聽到銷售就反感的人都有一個共同點，就是對銷售的定義帶有負面的誤解。

如果你對銷售抱持消極的看法，那即使努力經營副業，也難以收得良好的成效。相反的，如果能建立積極的看法，自然較容易收穫良好的結果。

以下是一些有關銷售的常見消極思維：

- 消費者討厭被商家強硬推銷。
- 推銷時得面對消費者不悅的表情。
- 銷售人員有業績壓力。
- 推銷時被消費者排斥。
- 害怕被消費者拒絕。

這些情況，你是否也曾遇到過？

如果連身為銷售方的自己，對消費者都預設了這樣的消極心態，那對銷售無法抱持積極正向的態度，也是理所當然的。

這類負面的印象，大多源自於過去的實際經驗。接下來讓我們來看看，我在副業研討會中聽到的例子：

・K先生：「我在街頭應邀參加一個美容產品的問卷調查，結果被帶到附近一個會議室，被強硬推銷三十萬日圓的高價美容產品，對方還勸說我可以貸款購買。我忍耐了大約兩個小時之後，鼓起勇氣說了一聲：『我不需要，我要回去了！』才終於逃離了那裡。」

・S小姐：「我本來帶著輕鬆的心情參加和服展，卻被一家和服店長時間強行推銷。回到家後，甚至還必須封鎖對方的電話號碼，才終於不必再接到每週打來的推銷電話，這件事讓我開始討厭原本喜愛的和服了。」

・T先生：「因為體驗價格便宜，我在住家附近嘗試了按摩療程，結束後拒絕了預約下次服務的建議，但店家還是多次來電聯繫，詢問下一次想預約什麼時間，直到我強硬的回應：『請別再推銷了，除非我聯繫你們，否則不要再打給我。』這樣的推銷行為才終於停止。」

就像這三位遇到的狀況，這些都不是銷售，而是「強迫推銷」。在排斥銷售的人當中，許多人都對這點有所誤解。

銷售不等於強迫推銷。真正的銷售不僅是為了販售商品，而是**包括了解消費者的需求**，並提供符合需求的產品或服務，最終讓顧客做出選擇的過程。

人們天生喜愛購物，當我們的生活需求獲得基本的滿足後，對購物的喜好程度就會增加。多數人會想購買他們認為好的、想要的、需要的產品；反過來說，他們對於認為不夠好、不想要、不需要的東西，自然就不會湧現想購買的欲望。

這樣的差異性，影響了人們對銷售的觀感，如果觀感傾向負面，就容易抗拒銷售行為。

我本身在學生時期，也曾對銷售抱持著消極的看法，認為業務員須「面對嚴苛的業績壓力」、「須向客戶卑躬屈膝」，而且「得推銷自己不太認同的產品」。但在大學畢業進入企業工作後，我意外被分配到業務部，不得不面對這份工作。

由於我從小性格內向，溝通能力也較差，甚至在大學四年期間都沒有交到女朋友，可見當時身處業務部的我，內心有多大的恐懼。但既然被分配到這個工作，總不能因為個性內向、不擅長推銷就一味抱怨。於是，所謂百聞不如一見，我決定親身體驗，找到各行各業的頂尖業務，直接向他們學習該如何推銷產品。

這段經驗讓我意識到，這些頂尖業務員的共通點，是對銷售具備積極觀念，他們認為「銷售是一個契機，能共同開創出超越對方想像的未來」。比方說，擁有一輛不錯的家用汽車，可以擴展你的活動範圍，就能夠帶家人去旅行或露營，創造美好的回憶；如果有了可靠的人壽保險，就能更積極描繪出未來的人生規畫。我逐漸認識到，協助顧客開創未來，是銷售的真正本質。

這番體會，讓我對銷售的看法產生了一百八十度的大轉變，**我從一名內向的新進員工，成為公司創立以來最年輕的全國銷售冠軍**。沒想到摒除原本心中對銷售的成見後，就能有如此大的轉變。

不過，請不要誤會，並不是每個人都像我一樣，只要改變對銷售的看法就能打破阻礙。關鍵在於，能否找到一個與自身經驗、價值觀相符的銷售定義。正如只有合身的衣服才能穿得自在，也只有符合認知的銷售定義，才能讓自己真正信服。在閃過「就是這個！」的想法之前，請深入思考自己對銷售的觀感和定義。

為了提供參考，以下是一些有助於摒除負面成見的積極思維：

- 銷售能解決客戶的煩惱。
- 銷售能導引客戶解決問題。
- 銷售能協助客戶找到符合自身需求的商品或服務。
- 銷售能使客戶更加幸福。
- 銷售能提升客戶的生活品質。
- 銷售能實現「賣方好、買方好、社會好」的三贏局面。
- 銷售能為客戶填補理想與現實間的落差。

關於其中最後一項定義「銷售能為客戶填補理想與現實間的落差」，特別值得深入探討。

例如，假設顧客因為體重持續增加而感到困擾，並希望減肥。如果你從事的副業是減重顧問，那麼在這個案例中，銷售就會產生積極的定義。任由體重不斷增加，未來將面臨負面的後果——肥胖不只會導致身材走樣，還會逐年增加罹患代謝症候群等生活習慣病的風險。

但如果顧客接受了專業的減重指導，並成功瘦下來，那麼等待著他的，是一個更美好的未來。他的體形將變得更加勻稱，能穿上自己喜愛的衣服，且因外型的改變獲得周遭人們的讚賞。如此一來，心態能變得更積極，並更愉快的享受運動和旅遊，同時也減少了患病的風險。

在意識到現狀與未來之間的差距時，人的大腦會渴望填補其中的落差。減重顧問的幫助正是滿足這項心理需求的手段，這也是銷售的重要本質之一。

4 如果家人不支持，怎麼辦？

當你準備開創副業時，除了摒除負面的成見之外，還有其他須克服的心理障礙，主要包括以下四個方面：

- 來自公司的心理障礙。
- 來自家庭的心理障礙。
- 對收費的心理障礙。
- 資訊傳播的心理障礙。

讓我們一一來認識這些心理障礙，並學習如何克服它們。

1. 來自公司的心理障礙

對於在職上班族來說，想經營副業，首先會遇到的就是來自公司的心理障礙。這方面主要容易出現以下幾種問題：

- 公司明文禁止。
- 與比較親近的同事討論後，被勸阻不要做。
- 本職工作太忙，沒有時間經營。

如果公司規定禁止從事副業，選擇偷偷進行並不是明智之舉。身為一名職業人士，還是應該遵守最基本的職業道德。如果你任職於明文禁止斜槓的公司，**可先進行無償的興趣或志工活動**，這類活動將帶來許多收穫，另一方面也能視作積極為未來投資的機會。

有些同事對副業或許會抱持著負面的看法，他們可能是出自對你的關心而給建議，但這些同事本身對斜槓有足夠的了解嗎？

就像有些上班族會把投資視作風險一樣，有的人也會將副業視為危險的象徵，這些觀念往往缺乏明確的依據。你可以聽聽同事的意見，但絕不該盲目接受沒有根據的看法。

此外，其實**沒必要擔心工作太忙而沒有時間從事副業**。實際有在經營斜槓的上班族，對此通常會說是杞人憂天。正如前面提到的，一旦開始，你會變得更擅長管理時間。

我們常聽人說「沒有時間運動」，但事實上，忙碌的高階主管更會堅持定期運動，以保持最佳狀態，全力投入工作。他們是時間管理的高手，能輕易在一天之內安排出運動的時間。

比方說，蘋果公司（Apple）的執行長提姆．庫克（Timothy Cook）每天都在清晨三點四十五分起床，並持續運動一個小時。說「沒時間運動」的人，真的會比蘋果的執行長還要忙嗎？

2. 來自家庭的心理障礙

當決定開創副業時，對於已經有家庭的人來說，家庭也可能成為一座需要跨越的高牆。

想讓副業成功，配偶和家庭成員的支持是不可或缺的。如果家人能成為你堅強的後盾，成功機率自然會上升。相反的，假如家人持反對態度，要持續經營，可能會遭遇到不少困難。要是被家人質疑：「你有時間做斜槓，為什麼不多幫忙做家事或照顧孩子？」你可能會不知該如何回應。

沒有家人的支持，副業或許還能維持運作，但如果為此完全忽略家務或育兒，最終可能導致夫妻關係緊張，甚至面臨離婚的危機……這肯定是大家想極力避免的狀況。

請回想一下前面提到的「人生圓圈」。

人生不是只有工作（本職）和副業，還包括私生活，其中家庭和夫妻關係是其核心。以斜槓為契機，工作和私生活應該要能順暢圓滿的運作。副業不應是打破平衡的因素，而是能幫助你平衡人生圓圈。

雖然這也取決於你跟配偶、家人的關係，但基本上應該從一開始，就坦誠的跟他們談論經營副業的計畫（當然，如果你擔心失敗會有些尷尬，可以選擇在漸上軌道之後再提出）。

最重要的是，**溝通時將重點放在目標導向，而不是過程中的手段**，這是克服家庭阻礙的重要訣竅之一。要獲得家人的支持，就必須讓他們了解最終目標，發展斜槓只是為了達成目標的手段。

雖然當事人可能會認為副業能成就自我實現、提升自我肯定感、豐富人生，但在與家人**分享計畫時，與實際的財務目標結合**，或許會更容易被理解。

例如，你可以像這樣提出實際的目標：

- 希望透過副業賺取的收入，增加家庭外出用餐或旅行的次數，創造更多美好的回憶。
- 計畫以副業的收入，增加孩子的教育基金，為出國留學做準備。
- 希望透過副業的收入，讓全家搬到更寬敞、環境更好的地方居住。

- 如果副業成功，之後想創業，爭取比在公司工作時高數倍的年收入。

將這些具體的目標與副業結合，有助於獲得家人的理解和支持。畢竟，副業能順利進行是建立在家人的協助上，賺得的錢不應該自己獨享。

帶著言出必行的心態，偶爾帶著配偶跟孩子一同外出享受豪華的餐點，或假日安排家庭旅行、送一些小禮物等。這樣不僅可以做到實際回饋，也有助於獲得家人的理解和支持。

3. 對收費的心理障礙

無論是本職或副業，最終目標都是透過銷售產品或服務來獲取收入。

然而，多數上班族在平常的工作上，無論是B2B或B2C，並不會直接與最終使用者（消費者）進行金錢上的往來。即使是在會直接面對消費者的企業，例如在便利商店、速食店或服裝店等地工作，除非是須站在第一線的職務，否則通常不會直接參與和消費者之間的金錢交易。

但在從事副業時，往往須直接與消費者進行金錢交易。這種從技能直接轉換為金錢的過程，不僅能提升自我肯定感，也會帶來正面的影響力。不過，同時也有可能形成「對收費的心理障礙」。

要克服這道心理障礙，一個有效的做法是**先不收費，從提供免費試用開始**。等到從試用者獲得「我想再嘗試一次」或「即使付費我也願意」的正面回饋後，再開始實際收費，以逐步跨越對收費的心理障礙。關於這點會在第六章進一步探討。

4. 資訊傳播的心理障礙

對過往只將社群媒體當作個人交流平臺的人來說，要學習如何將社群帳號運用在副業的資訊傳播上，可能多少會產生一些阻礙。

正如我之後將詳細提到的，建議**從已經建立的朋友或熟人等交友圈開始**，再逐步擴展到朋友的朋友，最終才是完全陌生的人。在副業穩定下來並漸上軌道後，才須大範圍的向完全不認識的人傳播銷售資訊。

在這段過程中，不妨向已在類似副業中獲得成功的人取經，學習他們的宣傳方式和技巧。不必過於緊張，自然而然的推進就好。

成功案例

外商專案經理利用下班時間接案

- 姓名：S先生（四十多歲，男性）。
- 本職：外商專案經理；副業：協助專案管理等。
- 副業月收入：平均二十五萬日圓，最高一百零七萬日圓。

S先生的本職是外商公司的專案經理，負責系統開發等專案規畫、擬定相關計畫、分配人力及預算、時間管理等工作。他擁有超過二十年的專案管理經驗，對專案管理這份工作充滿熱情，不僅喜愛也十分擅長。

然而，在公司這個狹小的世界待久了，工作容易淪為例行公事。特別是S

先生待的這類外商公司，雖然要求員工具備高度的專業性，但難以體驗到更多元的實際業務經驗。

渴望在其他領域發揮自己所長的S先生，決定開始從事副業。由於公司基本上禁止員工兼職，他當時只能在所屬的社群中尋求機會，以無償的方式受理專案管理的外包業務。

除了專案管理之外，他還成為對新創事業有興趣的人的諮商對象，聽取他們的想法。在這段過程中，他發現自己具備出色的傾聽力。當有人尋求意見時，許多人會急於提供解決方案。但多數提問者其實只是希望有人聽聽他們說話，幫助他們整理思緒。像S先生這樣能靜靜聽別人說話，只在被問到「你有什麼看法」時，才給出精確建議的人，其實非常少見。

發掘自己意外的才能後，S先生開始學習專業諮商技能，並將專案管理與諮商技能結合，為更多人提供工作上的協助。

即使不收費，S先生也從副業中獲得在本職工作上從未體驗過的滿足感。逐漸有人向他表示感謝，並希望他能持續提供支援：「多虧有S先生幫忙，我才能推動原本停滯不前的專案，之後即使需要付費，我也希望你能繼續提供協助。」、「希望能常跟S先生聊聊，多聽聽專家的意見。」

受到這些正面回饋的鼓舞，S先生仔細查看了一下公司的僱用合約，發現其實並沒有明文禁止員工兼職副業。為了保險起見，他還特別向人事部確認這件事，得知只要在不影響公司業務的情況下，就不會禁止賺取額外收入。於是，S先生正式開始啟動收費服務。

有許多類似這個例子，有時雖然公司表面上禁止，但細查公司的僱用契約後，會發現其實可以從事副業。想嘗試斜槓，卻又擔心被禁止而放棄收費的人，應該先仔細確認一下公司的相關規定。

S先生經營副業的月收入，最高曾超過一百萬日圓，但他本身並沒有特別強烈的創業精神，依然維持本職和副業並行的工作方式。

在副業中接觸到不同領域的專案管理經驗，對S先生來說有種新鮮感，實際上也有助於提升相關技能。在學習諮商技巧後，他的傾聽力與引導力也更上一層樓，並將學習到的技巧發揮在本職的專案管理工作中，達到組織人力資源、提升整體表現的效果。副業對本職產生的正面影響，據說還讓他因此把握住加薪的機會。

但即使是經驗豐富的S先生，有時也會在本職遇到瓶頸。他表示：「**如果只把重心放在原本的工作上，一旦遭遇到困難就無處逃避，但有了副業這樣的另一個社群，就不會過度沮喪，或感受到太多壓力**。即使犯了錯，也能快速振作起來，重新面對本職工作。」

S先生打算在現在的公司工作到退休，但四十幾歲的他，也將在五十歲時調任非主管職位。面對即將退休或調任非主管職位，許多人會發現難以維持工作動力。對此他也表示：「透過副業，我拓展了公司以外的人際網絡和社群，也盤點了自己的技能，所以完全不擔心第二職涯的規畫。因為在副業中時常獲得客戶的回饋和感謝，所以即使到調任非主管職位的年紀，我也不擔心工作動力下降。」即使不考慮創業這條路，持續本職與副業的組合，也有助於減輕對未來的不安及擔憂。

第 六 章

八步驟，興趣變收入

1 步驟一：找出自身技能（不必很厲害）

在開始經營副業前，首先要調整好心態，循序漸進的從零起步，讓營收先達到零用錢階段（月收入五萬日圓），再進展到副業階段（月收入十萬日圓）。不要急於求成，應按照計畫一步步的穩健前行，才是通往成功的正道。我將這段過程分為八個步驟，下面將一一介紹。

在每個步驟中，都有可能遭遇難以脫身的陷阱。要如何避免誤觸，會是將斜槓推向成功軌道的關鍵。因此，我列舉出每個步驟中最須注意的陷阱，並提出應對的方法。

首先，第一步是發掘自身潛在的原石。

經營副業的線索，就存在於自己身上。

有種說法是，我們的身體是由每天吃下的食物組成。同樣的，你在學校和職場上學習和體驗到的知識和經驗，已融入你的體內，形成了獨一無二的技能。沒有任何人能完全複製你的人生經歷。

副業正是一面反映你的鏡子。因此，不妨盤點自己的技能。副業結合了你喜歡和擅長的事物，所以**再小的事都可以，請把自己喜歡或擅長的事物記錄在筆記本或手機上**。

不要覺得自己「沒有值得特別一提的技能」，或「跟優秀的人相比，我的程度還差得遠」。正如前面多次提到過的，**對不具備任何技能的人來說，就算你只擁有初階技能，也足以提供他們一定的價值**。

即使你認為自己平平無奇，但由於存在技能差距，對他人來說，你可能擁有非凡的能力。這些技能就像是未經打磨的鑽石原石，能成為推動副業的驅動力。盤點技能時，可以從以下三個角度來進行：

- 過往至今在工作（本職）中所做的事。例如：IT技能、簡報、銷售、會計、祕書工作、法務、電話應對等。
- 以前到現在學到的事物。例如：英語會話、市場行銷、品酒、武術等。
- 長期喜歡且持續從事的興趣。例如：攝影、拍攝與編輯影片、音樂創作、飛鏢、露營料理、卡拉OK等。

盤點與記錄時的原則是，先不考慮這些技能是否能發展成副業。請先忽視這一點，無論多小的事都可以列在清單上。

另外容易遺漏的一點是，**不要跟他人比較**，以避免貶低自我價值，例如心想「我只有珠算一級（按：升上段位前的最後一階），根本不算什麼」，或「我學過空手道，但沒拿到黑帶，根本不能算是有學過」等。和不具備技能的人相比，即使是一級或茶帶（按：介於白帶〔入門者〕與黑帶〔有段者〕之間），也確實存在著技能差距。請滿懷自信，大方的將它們記下來。

2 聽聽能客觀評價你的人的意見

所謂當局者迷，旁觀者清，有時候自己的事反而最難自知。你平常視為理所當然的某些技能，可能正是發展副業的契機。

當你覺得自己會做某些事是再正常不過，就會難以意識到它們的真正價值。想挖掘未被發現的潛在原石，最好試著透過他人的觀點，聽聽能客觀評價你的人的意見。

你的父母、配偶、朋友、同事、主管、與你擁有相同興趣的人、社群媒體上的網友……向這些了解你的人發問：

- 你認為我的強項是什麼？
- 你覺得我有哪些魅力？
- 在你看來，我有哪些優點？

重點在於，**將問題聚焦在有關強項、魅力、優點等正面的表現上，避免從負面的角度提問：「我有哪些不好的地方？」、「我的缺點是什麼？」**如果接收到負面的回饋，可能會降低做許多事的積極性（這點會在後面說明）。

即使你認為自己沒有任何的強項、魅力或優點（我就是最好的例子），從其他人的視角看來，也可能會盤點出你尚未察覺到的個人特色。

這樣的發現在心理學中被稱作「周哈里窗」（Johari Window，見下頁圖表）。在周哈里窗的理論中，根據自己掌握的資訊和對方能掌握的資訊，可以區分成以下四大區域：

自己能盤點到的特色，只有已充分掌握資訊的「開放之窗」和「祕密之窗」。自己不知道，但其他人知道的「盲點之窗」，只能透過他人的視角來發

從周哈里窗中的「盲點之窗」，找到自己不知道的特色

掘（「未知之窗」可視作未來的潛力或可能性）。

或許你已在本職中應用「開放之窗」和「祕密之窗」，但來自他人視角的「盲點之窗」，就可能是你本身尚未意識到的寶藏，有發展成副業的潛力。

如何讓興趣靠副業實踐

- 陷阱：無法自我覺察足以發展成副業的個人特色。
- 應對方法：請身邊的人指出你的強項、魅力、優點。

3 步驟二：只選擇一個強項

在盤點技能、從中篩選要發展成副業的項目時，請記得盡量**集中選擇一項**。在這個步驟當中，常見的錯誤是難以做出抉擇，試圖同時涉足多方領域，但這種貪多嚼不爛的做法很容易導致失敗。別以為亂槍打鳥總能打中幾隻，就算同時做很多事，也不會因此提升成功的機率。

人的時間與動力等資源都有限，如果將這些資源分散到多個不同領域，即使原本能順利進行的項目，也會變得難以實現。假如你在盤點時發現了多項技能，可從以下幾個角度，來決定應該專注在哪一項：

- 選擇你最喜歡且擅長，能在實行過程中感覺心情變好的項目。如果你有好幾個喜歡且擅長的技能，請優先考慮最能為你帶來成就感，或讓你心情明顯變好的。
- 評估**哪些技能在市場上已有需求**，更容易實現盈利。副業不應投身於未知的藍海市場，而是選擇已經確定有需求、容易推動商業化的紅海市場。例如，如果要在英語和飛鏢之間擇一，就該選擇需求量更大的英語。即使你非常喜歡且擅長射飛鏢，但如果市場需求不夠明確，要實現盈利就容易遭遇困難。
- 想像哪一種技能比較可能發展成副業，如果能輕鬆想到，那麼在實際操作時也比較容易成功。

假如你想嘗試的副業不只一個，**不妨等第一個先穩定下來後，再考慮結合其他的技能**。這樣的做法，**能在紅海市場中形成差異化**，也更能創造盈利。

例如，**如果你具備兩個在每十人中只有一個人會擁有的技能，當這兩個技能結合時，就會變成每一百人中只有一人能實現的技能**，這會讓你在提供更高層次的價值上產生更大的優勢。

即便如此，一開始也不須過度追求在紅海市場中的差異化，或希望提供厲害的價值。重點在於先集中於發展一項技能，累積實際經驗。

4 觀察你的身體反應

當你開始經營副業後，最關心的兩點可能是：

- 是不是真的適合我？
- 我的目標客群定位正確嗎？

這兩點如果產生不適應的感覺，用不著咬著牙硬撐：「既然都開始了，也只能堅持下去。」**如果感覺自己不太適合，或目標客群設定有誤，那就應該適時回歸起點，從第一個步驟重新開始**。若繼續強行推進，不僅難以實現盈利，還可能帶來更大的心理壓力，導致熱情下降。

在這種時候，你可以聚焦於「生理回饋」（Biofeedback）。生理回饋是指透過測量心率、血壓、體溫變化等生理指標，以了解並正向調整身心狀態的一種方法。例如，當你處於放鬆狀態時，副交感神經會占優勢，心率（脈搏）和血壓也會下降。所以當你想緩解緊張的情緒時，可透過深呼吸或冥想等活動，來促使心率和血壓下降，達到放鬆的效果。

想評估副業是否適合自己時，生理回饋可提供一些重要的參考指標，最直觀的就是你實際進行某項副業時的身體反應。

比方說，你決定將喜歡且擅長的諮商技能當作第二職業來經營。如果在諮商之前，你自然而然的感到愉快且興奮，就表示這項工作很適合你；相反的，如果在開始前感到壓抑和緊張，脈搏明顯提升，可能代表這沒有那麼適合你。

如同在前面提到的，我也曾十分猶豫是否要創業，但在妻子明確指出「副業結束回到家時，從你的聲音可以明顯感覺到狀況非常好」後，我就決定勇敢踏出第一步。發聲的狀況也是生理回饋的重要指標之一。

此外，針對目標客群，生理回饋也同樣能發揮作用。舉例來說，如果你在某些客群前容易過度緊張，無法像平時那樣放鬆，那麼這類客群可能不是你的理想選擇；相反的，假如和某些人交流時，你會覺得放鬆且精神飽滿，那麼更應該將這些人設定為你的主要目標客群。

日本有句諺語是「久坐三年，寒石亦暖」，展現出持之以恆的重要性。確實，有些事情需要在長時間的堅持之下，才能真正了解其價值。但就經營副業的情況來說，若透過生理回饋察覺到某些項目不太適合自己，**就應該迅速轉而嘗試其他職業**。畢竟你不是在修習密不外傳的傳統工藝，不需要無謂的堅持。

沒有必要因為「自己決定開始，卻無法堅持到最後」而貶低自我。冷靜評估自身的反應，靈活調整方向，對你和你的客戶都會更有幫助。在嘗試後感覺不太理想，就應該繼續挑戰其他副業，直到找到真正適合的為止，適度維持這樣的靈活度也非常重要。

如何讓興趣靠副業實踐

- 陷阱：不確定剛開始經營的副業，是否真正適合自己。
- 應對方法：活用生理回饋來進行調整。

5 步驟三：尋找成功案例，確認市場需求

接下來須檢視的是，自己準備投身的副業**是否真正處於紅海市場**，並了解有多少成功的案例和典範。

這個步驟會比想像中還來得重要，值得再三強調。因為如果找不到先行的成功案例或標竿，這樣的副業可能屬於藍海，雖然看起來大有可為，但實際上很可能因為需求不足而導致失敗。

當發現有許多成功案例時，**你可能會擔心「我現在才加入，怎麼可能成功」，但事實恰恰相反。既然已經有許多人在這個領域做出成績，就表示即使是後繼者，成功的機率也相當高。**

在傳統行銷概念中，通常會建議避開紅海市場，但那是針對大企業的大規模業務。在競爭激烈、市場已飽和的環境下，大企業競相爭奪有限的市場大餅，確實不是明智的選擇。

相對來說，**個人副業是非常微型的商業活動。如果能賺取到個人目標收入，就足以認定為成功**。要進行這種小規模的商業活動，若是能找到成功的案例作為標竿，會更容易擬定盈利模式。因為個人副業具備靈活性，即便在看似飽和的市場當中，也能透過展現個性來吸引需求。

若想快速找到副業的成功案例或標竿，像Coconala（日本最大的網路技能市場，聚集了各行各業的工作和諮商需求）等的接案平臺就非常實用。如果這類平臺上出現眾多同類型的案件，那麼該領域可被視作紅海市場，需求量值得期待。

6 參考前輩經驗

由於我建議從事處於紅海市場的副業，因此必定也有許多已經成功的前輩。這些表現亮眼的人，一開始很可能也充滿疑問、在探索中逐步前行。如果能從他們口中聽到「起初也是帶著疑慮起步，最後才達到現在的成就」的故事，那麼你也會更相信：即使一開始對一切都感到陌生，但只要勇於邁出腳步，最終一定會越來越順利。這將鼓勵你勇敢跨出改變的第一步。

如果你的朋友或熟人中，已經有人開始經營副業，不妨花些時間聽聽他們的經歷。在使用他們提供的服務後，可以進一步詢問：「我也在考慮發展斜槓，可以請你分享一些經驗嗎？」他們通常會欣然同意。

假如你周遭沒有人曾有過實際的經驗，可以在如Coconala這類接案平臺上，尋找正在從事同類型副業的人，使用他們的服務。在那之後，你可觀察服務內容通常對應多少費用，直接獲得寶貴的第一手資訊，這也能活用在後續的訂價策略上。

我建議你尋找看起來活力十足、享受副業樂趣的人，並在利用他們的服務時，詢問「你覺得這樣的價格設定還算合理嗎？」或「要同時兼顧本職，你曾遇到過什麼樣的困難？」（這也是我常被新手問的問題。）

重點是盡量效法發展順利的前輩（這也是我為什麼希望你請教看起來活力十足、享受副業樂趣的人）。即使有人從事相同斜槓，也可能因為訂價策略失當、無法兼顧本職、缺乏家庭支持等各種因素而導致經營不善。如果選擇向這些人學習，很可能只會得到「不值得投入」等消極的回應，無疑會為你的動力帶來重大的打擊。

如何讓興趣靠副業實踐

- 陷阱：無法想像自己成功經營副業的畫面。
- 應對方法：參考成功前輩的意見。

7 步驟四：從低於競爭對手的定價開始

下一個步驟，是為你能在副業上能為顧客提供的價值，設定合理的價格。

在步驟五中會詳細解釋到，在初期，**建議先讓朋友或熟人免費體驗，藉此蒐集他們最直接的意見，來改善服務內容**。然後，再將服務對象擴展至朋友的朋友，並在這個階段考慮轉型為收費制。

即使提供無償服務時，會覺得能幫到別人真好，而獲得心靈上的滿足，但副業的理想狀態，是同時滿足心靈及收益上的需求，因此不該永遠停留在不收費的階段。

想順利從無償走到收費，你需要一份明確的價格表，來告知顧客哪些服務會以何種價格出售。即使服務再優秀，如果訂價策略不當，也很難吸引大量的客戶。最理想的做法是，**在向朋友和熟人提供免費服務的試用期間，就先準備好參考用的價格表**。

如果沒有設定價格就提供無償服務，**你很可能會因為「反正對他們來說是免費」的心態，而影響到服務品質，讓體驗者難以推薦給朋友和熟人**，而且在蒐集回饋時，也可能無法獲得最真實的心得感想。

若具備「我提供了價值一小時三千日圓的服務」的心態，就能減少上述的擔憂。此外，你還可以根據體驗者的建議，思考如何調整價格，例如體驗者回饋：「提供這樣的服務，你只收三千日圓太吃虧了，應該提高到四千日圓。」

在免費體驗期間，你可以主動告知體驗者價格，也可以選擇不告知。如果你告訴他們「我將提供一個小時價值三千日圓的免費服務」，之後就可以進一步問他們：「你覺得三千日圓的價格合理嗎？是否覺得太貴或太便宜？」這將幫助你制定出更適當的價格。

如果選擇不主動透露價格，你也可以這樣詢問：「我正在考慮透過這項服務收費，當作副業來經營，你覺得怎麼樣？」、「如果有機會，你大概願意支付多少錢來使用這項服務？」

在設定價格上，通常可分為以下三種類型：

- 價值連動價格。
- 成本連動價格。
- 市場連動價格。

首先，價值連動價格適用於價值非常明確的產品或服務，例如顧問服務或廣告代理商。這種類型的服務適合跟客戶簽訂合約，以獲得一定比例的佣金為報酬。

成本連動價格則是根據成本設定售價，餐飲業是其中最典型的例子，例如以「材料成本低於定價的三〇％、人事成本低於定價的二〇％、租金低於定價的一〇％」為原則，來制定菜單價格。

市場連動價格，是參考市場上提供的相似服務或產品的價格，來執行訂價策略，最常見的例子就是不動產租賃的市場價格。

若以技能當作副業，我建議採用市場連動價格，因為技能的價值很難以實際金額量化，且不易估算成本。

參考市場連動價格後，可進一步透過下列三個階段，制定出吸引消費者的價格表。

- 階段一：低於競爭對手的定價。
- 階段二：同等於競爭對手的定價。
- 階段三：高於競爭對手的定價。

階段一：低於競爭對手的定價

既然選在競爭激烈、需求旺盛的紅海市場中開拓副業，無疑會存在許多提供相似服務的競爭對手。首先，可透過社群媒體或接案平臺等途徑，初步了解競爭對手制定的價格。在階段一，**最好刻意設定一個比競爭對手更低的價格**，這主要基於以下兩種原因。

第一個原因在於，經驗與技能的水準會直接影響價格設定的空間。在剛開始投入副業時，你可能還缺乏實質成果，技能也在成長階段，因此提供的價值以及價格，就只能略低於既有的競爭對手。

第二，透過壓低價格，能更廣泛的吸引客戶。絕大多數客戶對價格都非常敏感。如果能以較低的價格迅速累積更多實際經驗，就可有效提升技能水準，盡快進入階段二。

階段二：同等於競爭對手的定價

當你在階段一累積了足夠的經驗，並提升相關技能後，就可將價格調整到與競爭對手同等水平。這也代表你終於能與他們站在同一座舞臺上。

沒有將創業納入考量，訂價策略不妨先停留在階段二。

在接下來的階段三，**價格設定會高於競爭對手。為此需要在市場中追求獨**

特的差異化。舉例來說，假如你的副業是寫網路文案，而你能用雙語撰寫文章，或由於你的本職是醫療領域，因此能寫出專業度更高的醫療文章等，這些都是你的差異化優勢，可協助你順利進入階段三。

如果沒有特別的優勢，則建議將價格維持在階段二，同時努力提升技能與服務水準，進而吸引更多客戶。

階段三：高於競爭對手的定價

在階段三，當你擁有競爭對手不具備的差異化優勢時，可在紅海市場中實施高於競爭對手的訂價策略。這將使斜槓的收益增加，甚至超越本職的薪資，當月收入來到百萬日圓，你可能會考慮創業。

這種差異化的行銷策略，稱作「獨特賣點」。

但我認為，即使沒有如前述的雙語能力或專業醫療知識之類的獨特賣點，如果想賺更多，並實現創業的目標，仍然有可能用其他方法，訂定比競爭對手更高的價格。這時候可以考慮一種新的行銷策略——「個人賣點」（Me Selling

Proposition，縮寫為ＭＳＰ）。

個人賣點是一種從「自我存在」來訂定差異化的行銷手法。例如，在需要人與人之間直接接觸的護理或按摩領域，**「由誰來執行服務」常比「提供什麼服務」更重要**。即使是同樣水準的護理或按摩技能（雖然仍可能依狀況不同，稍微有落差），客戶或許會因為「被Ａ服務時感覺很舒服」或「交給Ｂ總是令人放心，我會更容易放鬆」，而指定由特定人員來服務。

在副業中，雖然可能沒什麼機會涉及身體上的接觸，但在人與人之間的商業活動中，這一點同樣適用。就像即使同樣是網路寫手，要是能獲得「這個人的採訪很有趣，總是能引導出我心裡的話」，或「跟他交談，總能挖掘出許多有趣的話題」這類正面的評價，在口耳相傳之下，或許會有更多客戶委託。這就是實踐個人賣點的過程。

個人賣點仰賴個人的性格、過往經歷、共感力和遠見等難以量化的因素。這些特質都難以刻意提升，但透過斜槓，使人生體驗變得更豐富並提升自我魅力，以此獲得個人賣點，便能制定高於競爭對手的價格。

如何讓興趣靠副業實踐

- 陷阱：對於從免費體驗階段轉為收費服務感到擔憂。
- 應對方法：提前制定三個階段的價格表。

8 步驟五：先從朋友、熟人當中找客戶

即使紅海市場中的需求穩定，但要實現盈利，仍須吸引更多客戶。如果無法有效吸引客戶，不僅難以實現收益化，也會感覺到自己無法真正幫助他人，持續做副業的動力也將大打折扣。

然而，如果你的社群帳號的追蹤者不多，那在該平臺上宣傳也很難達到擴散資訊的效果。如前面提及，這是剛開始副業時容易遭遇的障礙之一，即「資訊傳播的心理障礙」。若只憑藉著一股衝勁就想跨越這道障礙，是非常不明智的舉動，因為吸引客戶可分成三個階段，**社群媒體是最後才考慮的項目：**

- 階段一：已經建立連結的人群（朋友、熟人）。
- 階段二：透過已建立連結的人群，進一步產生聯繫的人群（朋友、熟人的朋友和熟人）。
- 階段三：完全不認識的人群（透過社群媒體等管道匯集客源）。

過度急於打響知名度，可能會讓人想直接向階段三展開攻勢。但最正確的做法應該是循序漸進，從階段一逐步到階段二，最後才是階段三，過程類似於跳遠的「助跑、踏步、起跳」等動作。

階段一：已經建立連結的人群（朋友、熟人）

應該優先接觸的，是你已經建立連結的朋友或熟人。假如一開始就過度專注在特定的目標群體，可能會發現需求不如預期。面對這樣的風險，不如從親近的朋友或熟人開始。雖然這個階段的人數可能不多，但由於階段一會影響到階段二，所以建議細心經營這些現有的連結。

在這個階段，常見的阻礙包括「對銷售的成見」和「對收費的心理障礙」。這些重點都在前面的第五章提到過，在此讓我們簡單回顧一下。

許多人會覺得「不想硬是向朋友或熟人推銷自己的產品」，為了克服這類對銷售的負面觀感，不妨試著重新定義對銷售的概念。例如，可以這樣想：「我提供的是有價值的服務，所以我應該先向親近的朋友提供這些服務。」

至於對收費的心理障礙，這是一種要從熟人那裡收錢的心理抗拒。克服障礙的方法是**活用免費體驗的策略**。也就是說，先向朋友或熟人提供無償的服務，並以此換取他們的真實感想或建議，進一步提升自己的相關經驗與技能。

以我本身的例子來說，在剛開始經營顧問這個副業時，我的第一批客戶就是自己的五位好友。先讓他們免費體驗諮商服務，是我的起點。

階段二：透過已建立連結的人群而認識的人群（朋友、熟人的朋友和熟人）

在階段一使用了免費體驗策略後，可請這些朋友和熟人，將你的服務分享給其他可能會感興趣的人。如果他們對服務感到滿意，就會樂意為你介紹新客戶。新客戶會因為是朋友的推薦而抱有期待，而提供服務的你，也會因為是朋友的朋友而更加努力，不想讓對方感到失望。

我剛開始經營副業時，一開始的客戶正是我的五位好友。從免費提供諮商服務開始，透過這些朋友的宣傳，客戶數迅速增加到十五人，最終因為超過了我的處理能力，才不得不先暫停。當時還沒有什麼社群媒體，所以無法進行階段三的推廣。即便如此，只靠階段二的吸引客戶效果，我的月收入就超過了三十萬日圓，並開始考慮創業的可能性。

為了跨越對收費的心理障礙，儘管在階段一你可以繼續使用免費策略，但進入階段二時，則應考慮開始收費，具體的收費標準已在步驟四中提及。

階段三：完全不認識的人群（透過社群媒體等管道匯集客源）

在階段二之前，都是透過自己身邊的朋友、熟人來累積客源。但如果只向這些人推廣，能觸及的潛在客戶就很有限。若要拓展需求，就須擴大接觸範圍，也就是透過社群媒體等管道來匯集客源。

階段三是接觸我們素未謀面的陌生人，接案平臺就是接觸階段三人群的方式之一。從階段一擴展到階段二會較快達成，但由於比起階段二，階段三的接觸範圍更廣，因此拓展會有一定的難度。儘管如此，如果能花費約半年的時間，慢慢在市場上取得認同，銷售額也會跟著增加。許多人可能會急於看到成效以賺取更多收益，而太早依賴社群媒體或接案平臺。但還請做好心理準備：透過階段三獲得收益，通常會花上更長的時間。

如何讓興趣靠副業實踐

- 陷阱：找不到客群。
- 應對方法：依照三個階段拓展需求圈。

9 步驟六：提供試用，以改善服務

前面有提到過，可先針對階段一的朋友和熟人提供免費的試用體驗。而在**這個階段提供的服務，不必是百分之百完整的產品**。

不如說，為了讓服務接近百分之百的完成度，提供免費試用體驗是不可或缺的過程之一，這在市場行銷上，可視為產品開發的一部分。

有些人的性格特別認真，總是希望提供的服務沒有任何瑕疵，因此會花很多時間來準備。為了提升完成度而努力固然重要，但任何服務不可能打從一開始就很完美。如果因為準備時間太長而遲遲無法展開副業，反而是被完美主義綁架了。

舉例來說，無論開發者花了多少時間，任何軟體或遊戲都會存在錯誤。因此，**開發者會先發布Beta版（即產品化之前的版本），以免費或較低的價格，讓目標使用者自由試用，在這個過程找出並修復錯誤**，最後推出完成度更高的完整版，近似於在階段一提供試用體驗的做法。

假如完成度低於六〇%，那確實還不適合提供試用服務。**但如果你覺得服務的完成度已經達到七〇%至八〇%，就可以開始在階段一當中，募集願意嘗試免費體驗的人**。

在這種情況下，**最好找五個人參加免費體驗，因為兩到三人的話太少，但願意參與的朋友也不是那麼好找**。為了提升完成度，記得請體驗者協助填寫問卷，事先向他們說明「免費體驗結束後，會請你填寫一份簡單的問卷」，並取得同意。

如果在接受服務前，就知道須填寫問卷，他們就不會隨意體驗，覺得「這是免費的，真幸運」，而會帶著「如果有什麼需要改進的地方，我會明確說出來」的心理準備。

你應該在問卷中，仔細詢問以下幾點：

- 想接受服務的原因。
- 接受服務前的疑慮。
- 接受服務後覺得不錯的地方。
- 哪些地方覺得可能有更好的做法。

並根據這些回饋，逐步提升服務的完善度。

在問卷中，**只問「你覺得這項服務，有哪些地方還不錯？」的方式，稱為「正回饋」**。由於受到教育的影響，許多人奉行「扣分主義」，習慣找出不足之處加以改進。因此，他們傾向於蒐集「負回饋」，也就是詢問：「哪裡做得不夠好？」

這樣的做法，容易聽見對服務的批評與指教，即使這些意見是合理且確實是須改進的地方，但副業才剛起步，就接收到大量的負面評價，任何人都會感到挫折。即使是心理素質較高的人，也可能會喪失自信，影響開拓的動力。

當你是新手時，有可能無法完全滿足對方的期望，也容易有不足之處。在這種情況下，要盡量避免容易引導出負回饋的提問方式，例如：「有哪些地方做得不夠好？」而應該改為正向提問：「有沒有哪些地方，你覺得可能有更好的做法？」

這種詢問方式，可促使人回答「如果改成這樣，我覺得應該會更好」，而不是得到類似「感覺這個部分不太理想……」的回答，如此一來，便不至於被負面言論刺傷，或澆熄心中的熱忱（但回答者大都是朋友或熟人，不太可能聽到過分的批評）。

在一般的問卷調查中，有些會請回答者直接用分數評價，如：「滿分十分，你會給幾分？」但進行到這個步驟時，**最好避免以分數來獲取評價**，因為許多人通常會給七到八分，沒有足夠的參考價值。

這跟去餐廳吃飯時點鰻魚飯，在松竹梅套餐（最貴、中等、最便宜）之間做選擇時，大多數人會選「竹」（中等）的心理十分類似。

如何讓興趣靠副業實踐

- 陷阱：詢問：「哪裡做得不夠好？」聽到負面回答後深受打擊。
- 應對方法：只蒐集正回饋。

10 對自己說：「我做得到！」

在運動界，意象訓練（Image Training）被認為具有舉足輕重的影響力。比方說，在重大賽事之前，運動員會在腦海中反覆想像自己以最佳狀態獲勝，並滿心喜悅的慶祝，或站在領獎臺上掛著獎牌的畫面。

這種對細節的意象訓練，有助於喚起「既然已經歷經了這麼努力的訓練，只要發揮平常的實力就能獲勝」的冷靜心態，並增強集中力，讓事實如想像般發展（當然，如果沒有做足準備和訓練，只是空想獲勝的場景，也不可能帶來好的結果）。

在商業界，意象訓練同樣被視為重要的工具。舉個例子，如果一名業務員連續三次拜訪客戶卻都遭到拒絕，他在第四次的嘗試銷售時，失敗的可能性將大大增加。

這是為什麼？因為他可能會對之前連戰連敗的經驗產生陰影、喪失自信，帶著一種注定失敗的氛圍去見下一位客戶，但沒有人會想向這樣的業務員購買產品或服務。

如果在推銷時必須登門拜訪，最好先**進行意象訓練**，**想像自己在談判中大獲全勝**，自己和客戶都笑容滿面的模樣。雖然意象訓練無法保證每個案子都百分之百成功，但如果在第一次嘗試時不太順利，就不應該毫無準備的進行下一次挑戰。應當暫時停下腳步，重新透過意象訓練來調整心態，擺脫推銷失敗的氛圍，以積極的心情面對接下來的工作，這樣更有可能迎來佳績。

同樣的，在推出免費體驗及不斷改善服務的過程中，一旦覺得自己已經做好提供最佳服務的準備，就可想像客戶表達滿意及感謝的場景，讓自己感到興奮並充滿期待。

這樣的意象訓練可發揮實際的效果，讓你能維持平常的表現水準，並實現讓自己和客戶都感到滿意的結果。對新手來說，難免偶爾會遭遇到瓶頸，在這種時候，活用意象訓練調整心態，再重新面對下一次的挑戰，會是一個非常有效的策略。

11 步驟七：提供三種價格

我在步驟四已提過價格表，而在步驟七當中，會進一步強化價格表，提供客戶更多元的選擇。

在餐飲業，菜單上通常會列出多種套餐，顧客可根據自己的喜好和經濟能力來選擇。如果只有一種套餐（雖然有些店家會以此作為賣點），顧客的選擇就只有接受或拒絕這兩種；若有多種套餐，能讓顧客一開始就積極考慮「該選哪個才好」，更容易吸引廣泛的客群。

同理，在開拓副業時，根據顧客的需求提供多種選擇，也是個不錯的策略。**最初可提供A、B、C三種不同內容的服務。在這之中，B會是你最希**

望推銷的主打產品。

例如，在餐廳中，如果套餐分為三種定價：前菜＋主菜八千日圓、兩道前菜＋主菜＋甜點一萬日圓、兩道前菜＋兩道主菜＋甜點一萬兩千日圓。通常，餐廳最想推銷，且顧客也最容易接受的是中間價位的一萬日圓套餐（前面提到鰻魚飯的松、竹、梅三個等級，也是出自同樣的道理）。

要建立三種定價的服務時，主要的方法有兩種：改變「分量」或是改變「內容」。

1. 改變服務的分量

內容相同，只依照分量區分成A、B、C三個等級。例如，如果你把英語教學作為斜槓，可這樣設計三種服務：

A：每個月兩堂課。

B：每週一堂課。

C：每個月六堂課。

也可以按照課程期間的長短來規畫，而不是上課頻率。

A：一個月計畫（每週兩堂課），共八堂課。

B：三個月計畫（每週兩堂課），共二十四堂課。

C：六個月計畫（每週兩堂課），共四十八堂課。

2. 改變服務的內容

分量不變，改變服務的內容。以英語教學為例，可設計出以下三種服務：

A：只有英語會話。

B：英語會話＋英語寫作。

C：英語會話＋英語寫作＋辯論訓練。

或者，假如你以製作短影片平臺TikTok的影片作為副業，可這樣設計三種服務：

A：劇本創作。

B：劇本創作＋影片拍攝。

C：劇本創作＋影片拍攝＋影片剪輯。

如何讓興趣靠副業實踐

- 陷阱：只提供一個選項，客戶缺乏選擇空間，容易失去客戶。
- 應對方法：提供三種價格，滿足客戶需求。

12 步驟八：再往上提高價格

讓我們回顧一下，副業的發展可區分為五個階段：

- 從零到有（從零收入到開始獲得報酬）。
- 月收入五萬日圓（零用錢階段，約等於新臺幣一萬元）。
- 月收入十萬日圓（副業階段，約等於新臺幣兩萬元）。
- 月收入三十萬日圓（本職階段，約等於新臺幣六萬元）。
- 月收入一百萬日圓（創業階段，約等於新臺幣二十萬元）。

從事副業當然不僅是為了賺錢，但從零到有、再提升到各個階段，都需要賺取收入。由於斜槓幾乎不需要太多成本，因此增加收入的公式相當簡單：**賺取收入＝提高單價×增加顧客數**。

關於如何擴展客群，前面的步驟五就已詳細介紹過。這裡主要聚焦在提高單價的過程。提高單價的要素，可參考以下三個項目：

- 自我認知（成就感）。
- 他人認知（調查）。
- 顧客人數。

自我認知指的是提供技能時，自己能感受到的成就感。如果在提供服務時，看到顧客露出開心的表情，**感覺到自己提供的技能價值遠勝於收費價格（即價格設定過低）**，**這會成為提高單價的關鍵要素**。

他人認知跟提供免費體驗相似，透過對付費顧客進行問卷調查來獲得回饋。重點在於詢問「你認為這項服務（技能）『價值』多少錢？」而不是直接問「價格」。

問「價值」而非「價格」的原因在於，當詢問「你覺得這項服務（技能）的『價格』大概落在哪裡？」時，回答通常會跟原定價或市場價不會有太大落差。例如，一項設定為五千日圓的服務（技能），大部分的答案可能會是「大概就是五千日圓」。

但若是問：「你認為『價值』多少錢？」顧客往往會根據實際感受來回答，且通常給出更高的估價，基本上如果是五千日圓的服務，可能會說值七千或一萬日圓。經營初期由於價格容易設定偏低，也容易得到較高的估價。

最後是顧客人數，這是一項顯而易見的要素。隨著越來越多人使用你的服務，在過程中累積的經驗將提升服務（技能）品質，自然也能夠相對應的提高價格。

通常以上的參考項目就已足夠，若想進一步提升價格，則可以**考慮改變目標客群**。

我在此分享一下過去的經驗。

在剛開始把顧問當作副業來經營時，我起初的定價是每小時五千日圓，略低於市場價。但參考過前面提到的自我認知（成就感）、他人認知（調查）和顧客人數的因素之後，我成功將價格提高到每小時一萬五千日圓，與競爭對手相近。

我開始思考，如果想進一步提高單價，接下來又該怎麼做？

為了尋找靈感，我找到一位單價比自己高的顧問，並預約他的諮商服務，雖然每小時高達七萬日圓，但該服務有首次五千日圓的優惠體驗價。在體驗過後，我覺得自己應該也有能力把價格定得跟對方差不多。

但也不能突然從每小時一萬五千日圓直接跳到七萬日圓，可能會導致原有顧客強烈反彈。因此，我決定**將主要目標客群轉向經營者等高階主管**，這樣每小時七萬日圓的價格就顯得合理許多。

這個策略如我所願，我現在為高階主管客群提供每小時十五萬日圓的諮商服務，大幅提升盈利。

因此，當你感覺到副業逐漸步上軌道，**重新評估目標客群**也是一個值得參考的策略。

如何讓興趣靠副業實踐

- 陷阱：收入始終處於零用錢階段，無法進階到副業階段。
- 應對方法：利用自我認知、他人認知及顧客人數來增加盈利。

八步驟，興趣變收入

步驟 1 找出自身技能（不必很厲害）

- 盤點自己的技能。
- 透過他人的視角，發掘「盲點之窗」。

步驟 2 只選擇一個強項

- 從多個技能中，選擇最適合自己的來發展副業。
- 利用「生理回饋」來確認副業是否適合自己。

步驟 3 尋找成功案例，確認市場需求

- 查看各大接案平臺，了解自己的技能是否具備足夠的需求。
- 多參考前輩的成功經驗，尋求寶貴意見。

步驟 4 從低於競爭對手的定價開始

- 透過三個階段，制定合理的價格表。

步驟 5 先從朋友、熟人當中找客戶

- 依照此順序拓展需求圈——階段一：已經建立連結的人群（朋友、熟人）；階段二：透過已建立連結的人群而認識的人群（朋友、熟人的朋友和熟人）；階段三：完全不認識的人群（透過社群媒體等管道匯集客源）。

步驟 6 提供試用，以改善服務

- 只蒐集對產品的正回饋。
- 當進展得不如預期，透過意象訓練調整自我狀態。

步驟 7 提供三種價格

- 至少提供三種收費價格，以滿足客戶需求。

步驟 8 再往上提高價格

- 參考自我認知、他人認知以及顧客人數，適時提高收費價格。

13 等待你的是月收入變成二·五倍的未來

就像做其他生意一樣，副業也可能會歷經一連串的嘗試與失敗。無論是服務的內容、發展方向、定價，還是目標客群的設定，都會在實際操作中發現一些意想不到的狀況，進而不斷調整與修正，最終才逐步走向持續性的成長。

因此，建議你**盡量及早嘗試**，因為越早開始，就越快上軌道。雖然有時仍會遭遇挫折，但你提供的價值將幫到某些人，這也會成為你的成就感來源。

在透過八個步驟開創副業後，你可能會面臨以下三種與本職的組合模式：

- 本職（上班族）＋副業（變動型）。

- 本職（上班族）＋副業（固定型）。
- 透過副業走向創業。

通常，人們會經歷從本職（上班族）＋副業（變動型）→本職（上班族）＋副業（固定型）→透過副業走向創業。

一開始，多數人會選擇「本職（上班族）＋副業（變動型）」的模式。即使集中經營一項符合「喜歡、擅長、需求」原則的副業，有時也可能會覺得缺乏成就感，或無法達成預期的目標。這種時候不必太過執著，**也可以嘗試看看其他的斜槓**。這就是本職（上班族）＋副業（變動型）的模式。

在不斷試錯的過程中，尋找到真正感興趣且能帶來成就感的斜槓工作時，就會進入本職（上班族）＋副業（固定型）的模式。如果同時也能達到令你滿意的收益水準，就應該全力以赴。

最終，你可能會選擇放棄上班族的身分，走向創業的模式。在副業達到月收入三十萬日圓時，會進入前面提到過的「本職階段」，但仍有不少人會因為收入不夠穩定而猶豫不決。即使充滿成就感，在收入上也大致滿足，但因為不像本職一樣，每個月獲得固定的收入，所以還是會為了是否該辭去上班族的工作而感到煩惱。

關於這一點，其實不必過度擔心。因為一旦將副業轉為本職，「月收入變成二．五倍的法則」就會發揮作用，**能賺取過去當作副業經營時二．五倍以上的收入**。舉例來說，假如在經營副業時的月收入是三十萬日圓，那在轉為本職後，收入則有望可超過七十五萬日圓。在這種情況下，至少在收入上，你沒有不考慮創業的道理。

將副業轉為本職，收入會暴增為二．五倍以上的原因有兩個。

第一，從投入的時間來看，你將能全職投入。例如，原本以週末兩天為主的斜槓工作變成一週工作五天，投入時間變成二．五倍，月收入以單純的計算方式來說，自然也會提升至少二．五倍。

第二，就是在精神上更加集中，不須分散到本職上，能更全力以赴的面對工作。跟經營副業時比較起來，也更能透過社群媒體等媒介拓展人脈及客源，因此月收入也跟著增加。

以我的經驗來說，當在本職之餘經營顧問工作時，副業的年收入大約在八百二十六萬日圓前後，但在創業後的第一年，年收入就增加到約三千一百八十萬日圓，增長約三．八倍。

除了收入的考量，許多人在發展至創業前，還會遇到一個障礙，那就是遇到「設身處地關心你的夢想殺手」。

當你想開始經營副業或考慮創業時，自然會想找身邊親近的人討論，其中有些人往往會帶著特定的價值觀，試圖給你一些建議。例如「不太容易經營下去」或「創業的風險太大了」等。**這些多半是沒有相關經驗的人提出的看法**，他們面對未知的事物，即使是出自善意，也常會提出「還是不要輕易嘗試比較好」等，較保守、消極的建議。這樣的好意有時格外棘手。但你不須過度重視這些夢想殺手的意見；相反的，你應該更積極尋找有相關經驗的人，並詢問他們的意見，這些人通常能提供支持你實現夢想的積極建議。希望這本書，也能成為你的夢想支持者。

成功案例

普通上班族成為收納顧問

- 姓名：大村信夫（四十八歲，男性）。
- 本職：任職於大型家電製造商；副業：整理收納顧問／職涯顧問。
- 副業月收入：未公開。

對於長期任職於世界級大型企業的大村先生來說，副業是他自我探索的延伸。就外界的眼光來看，他的上班族生活似乎過得風平浪靜、一帆風順，但大村先生仍想深入探究「自己真正想做的事是什麼」。

為了探索自我，他首先採取的做法是**跳出公司這個同質化的圈子，加入其**

他社群。他認為，當脫離習慣的環境，從不同視角重新審視自己，或許能發現意想不到的新面向。

在這個時期，大村先生正好接觸到「現代管理學之父」彼得．杜拉克（Peter Drucker）的著作，並深受啟發。於是他開始尋找杜拉克讀書會的講師，並自己負責策劃和主持活動。在讀書會上，大村先生帶頭處理他平常在本職中喜歡的資料整理和簡報準備工作時，經常獲得眾人的高度評價：「在資料和簡報上的準備實在太完美了，大村先生應該很適合當講師！」

在意識到自己的技能差距後，大村先生開始考慮利用他的專長，從事有關講師的副業。

在思考應該教什麼的時候，出現了另一個重要的機緣。大村先生決定更積極的走出去接觸社會，因此久違的參加了高中同學會。在那裡，他相隔二十幾年再次見到了一位同學，得知對方正在經營一家整理收納公司。

大村先生的家庭成員裡有他、妻子和三個孩子，但全家五個人都不擅長整理、收納，家裡總是亂糟糟的。一直想改善這個狀況的他，在實踐了同學傳授的簡單整理技巧後，發現家中明顯變得整潔許多，而且與家人之間的關係也有了改善。家裡變得明亮通風，也增加了許多對話和笑容。

實際感受到整理收納帶來的好處後，大村先生在本職下班後參加了相關研討會，並取得「整理收納顧問一級」的證照。於是，在公司之外社群獲得「很適合當講師」啟發的他，決定將「整理收納顧問」當作副業來經營。雖然不一定需要證照，但藉由參加研討會來磨練、提升技能，也是導向成功的方法。

整理、減重、英語會話等，這些都是人們難以克服的課題，很適合作為副業的目標。市場上也出現了不少整理收納顧問（據說大村先生考取的整理收納顧問證照〔二級、一級〕，全日本持有人數已超過十三萬人），但學習過杜拉克管理學概念的大村先生，**為了與他人有所區隔，決定加入一些創新元素**。

就像在同學會上遇到傳授他整理技巧的同學一樣，許多整理收納顧問都是針對家庭提供服務；而大村先生決定**以商務人士為客群**，提供能提升工作效率的整理建議。

起初，大村先生為個人客戶免費提供顧問服務。後來參考擁有相同證照的同業收費標準，以每次諮商約三千日圓的價格開始收費。不久，他就轉而將目標客群鎖定為企業。

大村先生表示：「對個人提供服務，從研討會的會場安排到各種準備都須自己來，但如果是企業客戶，從匯集聽眾到會場安排都是由對方負責。此外，如果獲准在展示成果的文宣上刊登企業名，之後就不須主動推銷，其他公司看到『那家公司透過整理收納研討會提升了業務效率，我們也想試試』，委託案件就會像滾雪球般逐漸增加，並擴展客群。」。

大村先生會成功的另一項因素是，他也會將聚集聽眾等相關工作，全權委託像「講演依賴.com」的演講接案平臺代為處理。

「畢業於知名大學並在一流企業工作的優秀人才，往往能做好各種工作，所以喜歡凡事親力親為。但我認為，將部分工作交給專業人士，自己把時間和精力放在發揮所長上，更能取得成功。」為了進一步做出差異化，他還取得了國家認證的職涯顧問證照，以職涯顧問的身分活躍於市場上，也因此獲得許多整理收納以外的委託案。

最後，大村先生想在此送給本書讀者一段話：「一天的一%大約是十五分鐘。我每天只花十五分鐘練習鋼琴，三個月後就能在街頭彈奏鋼琴了。我想再忙碌的人，一天中總能擠出十五分鐘的時間，請利用這些時間來挑戰能拓展自我潛力的事物。我相信這其中一定潛藏著開創副業的種子，也存在充實人生的線索。」

結語
填補本職與創業之間的空隙

本書最想傳達的訊息就是：如果你能透過副業找到真正想做的事，人生就會開始發光。因為副業具有讓人生變得更正向、積極的強大力量。

我之所以會這麼說，是因為我也切身經歷過這樣的轉變。我在大學畢業後進入了心儀的企業工作，但內心仍無法處之泰然。從小到大，我的自我肯定感偏低，容易感到自卑，且害怕面對人群。回想起來，自己當時似乎一直處於自我壓抑的狀態。

改變這一切的轉捩點，就是成為顧問。我要解釋一下，顧問接受諮詢時，並非單向的指導，而會透過溝通技巧，促使客戶在適度思考及感受後，採取自發性行動，並協助他們達成目標或達到自我實現。

在出社會的第二年，雖然我仍不斷對抗心中的自我壓抑感，但也開始在不收薪水的情況下，協助他人經營共享空間。在那裡，我積極的為會員策劃了許多活動。在一次以「將愛好化作職業」為主題的活動中，我邀請到一位專業的顧問當作嘉賓，當時在幕後聆聽演講內容的我，感受到彷彿被雷擊到的震撼。

「如果我能從顧問這條路上找到真正想做的事，應該可以從壓抑中解放出來，徹底改變自己！」我打從心底了解到這一點後，感覺眼前一亮，頓時以全新的角度，積極的看待一切。

當下我感受到，顧問正是我真正想追求的事業。就像讓消沉的我變得積極明朗一樣，我也希望能幫助他人達到自我實現。於是我立刻報名參加顧問培訓課程，開始學習相關的技巧。

遺憾的是，在我的本職中幾乎沒有機會應用這些技巧，即使想累積相關經驗，能做到的也非常有限。但幸運的是在不久之後，任職的公司開始允許員工從事副業，我就在本職之餘，同步開啟了自己的斜槓生涯。

在剛開始經營副業時，我遇到了一位令人難忘的客戶。他在接受了我的輔導後，意識到「引發人們內心的熱情（passion），並使其做出積極的改變」是他的使命（mission）。因此，他認為「既然想從事改變他人的工作，最好待在人口眾多的國家」，於是決定在印度創業。在短短半年內，他徹底掌握了英語和事業規畫的技能（人只要願意認真投入某件事，就能加足馬力，在短時間內達成目標），順利在印度創立一家食品配送公司。他取得了巨大的成功，並持續迎接新的挑戰。

他並非唯一一個成功的案例。在我的協助下，許多客戶找到自己想做的事後，似乎都重獲新生，開始積極展開行動。這些經歷讓我重新認識到，顧問這個工作的美好之處，在於能引發每個人心中的願景，拓展一個人的可能性，並豐富他們的人生。這讓我下定決心，要更認真投入符合「喜歡、擅長、需求」，名為顧問的這份工作。

起初，我是以一對一的形式提供顧問服務，但隨著客戶數量增加，我發現無法獨自應對，於是決定開設顧問學校，以一對多的方式，來支持更多人找到並實現夢想。但在與眾多客戶互動的過程中，我了解到一個新的問題：許多人即使透過諮商找到了他們想做的事，卻不知道該如何具體的實踐（商業化）。

因此，我重新審視了副業的重要性——就像我自己曾經歷過的，**即使發現了真正想做的事，卻難以在現有的本職工作中實現；但放棄現有的工作，立即創業的門檻太高。而副業的存在，正好可以填補本職與創業之間的空隙。**

一旦你在斜槓中邁出實現自我想法的第一步，就能以自己的方式開拓人生。以我為例，我在經營顧問學校的同時，也開設了副業學校，希望幫助他人找到想實現的事，並將其想法轉化為副業。隨著時間的推移，我也因為想做的事百分之百實現而獲得滿足感，能自豪的活在人生的中心。

後來，在創業前輩，也就是我的妻子的建議下，我決定以顧問和副業這兩大主題，來實現創業的目標。

最後，讓我再次提出這樣的問題：「你認為只從事本職工作，能讓自己的人生一帆風順嗎？」

若選擇單純扮演好公司員工的角色，無異於將自己的人生大權交給公司的經營階層。在社會和經濟形勢變化、ＡＩ技術發展等因素的影響下，一旦經營團隊的決策出現問題，即使你常年任職於公司，也可能面臨失去工作的風險。

毋庸置疑，你才是自己人生的主角。因此，你不應將自己的人生寄託於他人，而是要以人生的主人公的身分，去實現自己真正想做的事。

在這方面，副業就是個絕佳的工具，對普通上班族來說，可為你的人生帶來美妙的轉機，使生活散發出閃亮耀眼的光芒。

希望本書能幫助各位走出屬於自己的人生道路。

國家圖書館出版品預行編目（CIP）資料

我的興趣靠副業實踐：不冒險收入倍增法，正職沒用到的技能、原本很花錢的興趣，都能用來賺錢。／下釜創著；林佑純譯.
--初版, -- 臺北市：任性出版有限公司，2024.09
256頁；14.8×21公分. --（issue；070）
譯自：やりたいことは「副業」で実現しなさい
ISBN 978-626-7182-99-4（平裝）

1. CST：副業　2. CST：兼職　3. CST：職場成功法

542.78　　113008271

issue 070

我的興趣靠副業實踐

不冒險收入倍增法，正職沒用到的技能、原本很花錢的興趣，都能用來賺錢。

作　　者｜下釜創
譯　　者｜林佑純
校對編輯｜連珮祺、張庭嘉
副 主 編｜馬祥芬
副總編輯｜顏惠君
總 編 輯｜吳依瑋
發 行 人｜徐仲秋
會 計 部｜主辦會計／許鳳雪、助理／李秀娟
版 權 部｜經理／郝麗珍、主任／劉宗德
行銷業務部｜業務經理／留婉茹、行銷經理／徐千晴、專員／馬絮盈、助理／連玉、林祐豐
行銷、業務與網路書店總監｜林裕安
總 經 理｜陳絜吾

出 版 者｜任性出版有限公司
營運統籌｜大是文化有限公司
臺北市100衡陽路7號8樓
編輯部電話：（02）23757911
購書相關資訊請洽：（02）23757911　分機122
24小時讀者服務傳真：（02）23756999
讀者服務E-mail：dscsms28@gmail.com
郵政劃撥帳號：19983366　戶名：大是文化有限公司

法律顧問｜永然聯合法律事務所
香港發行｜豐達出版發行有限公司　Rich Publishing & Distribut Ltd
香港柴灣永泰道70號柴灣工業城第2期1805室
Unit 1805, Ph. 2, Chai Wan Ind City, 70 Wing Tai Rd, Chai Wan, Hong Kong
電話：21726513　　傳真：21724355
E-mail：cary@subseasy.com.hk

封面設計｜尚宜設計有限公司　　內頁排版｜黃淑華
印　　刷｜韋懋實業有限公司

出版日期｜2024年9月初版
定　　價｜新臺幣390元
ISBN｜978-626-7182-99-4
電子書ISBN｜9786267182970（PDF）
9786267182987（EPUB）

Printed in Taiwan
（缺頁或裝訂錯誤的書，請寄回更換）